JOURNAL INÉDIT

DE

ARNAULD D'ANDILLY

(1620)

JOURNAL INÉDIT

DE

ARNAULD D'ANDILLY

TIRÉ A VINGT-CINQ EXEMPLAIRES

JOURNAL INÉDIT

DE

ARNAULD D'ANDILLY

1620

PUBLIÉ D'APRÈS LE MANUSCRIT AUTOGRAPHE

DE LA BIBLIOTHÈQUE DE L'ARSENAL

PAR

EUGÈNE HALPHEN

PARIS

IMPRIMERIE D. JOUAUST

Rue de Lille, 7

—

M DCCC LXXXVIII

A BERTHA EUGÈNE HALPHEN

7 Décembre 1888

Achille Halphen, enlevé jeune à sa famille et aux lettres, a publié le *Journal d'Arnauld d'Andilly* de 1614 à 1619, d'après une copie qu'il avait trouvée dans les recueils de Conrart. Il savait que l'original existait. M. Varin, conservateur de la Bibliothèque de l'Arsenal, l'avait utilisé pour son ouvrage : *la Vérité sur les Arnauld*, dans lequel il dit comment il avait découvert dans le dépôt de la musique ce manuscrit inscrit au catalogue des papiers des Arnauld et perdu depuis longtemps.

M. Varin était mort en 1849 et avec lui avait disparu le manuscrit. Achille Halphen, en 1857, assisté des conservateurs de la Bibliothèque de l'Arsenal, avait fait d'inutiles efforts pour le retrouver, et il dut, à son grand regret, donner au public six années seulement du Journal qui, d'après M. Varin, s'étendait de 1615 à 1632, remplissant huit volumes in-quarto.

Il fallait donc renoncer à l'espoir de jamais posséder ce Journal précieux, dit le catalogue, lorsque plus de trente ans après on retrouva les huit volumes pour la seconde fois dans un endroit où il n'y avait aucune raison de les chercher. Ils étaient dans la partie de la Bibliothèque réservée aux imprimés, couchés derrière plusieurs rangs de volumes peu consultés. Comment étaient-ils venus là, personne ne le peut dire, mais ils étaient restitués aux travailleurs, et il faut espérer que leurs courses vagabondes sont terminées.

J'extrais de ce Journal cette plaquette destinée à ma femme et aux amis survivants de mon pauvre neveu; je les prie de l'accepter en souvenir de lui et de moi.

JOURNAL INÉDIT

DE

ARNAULD D'ANDILLY

1620

JANVIER

Dimanche 12. — Le Roy donne entrée à M. de Modene dans le conseil de M^rs les ministres.

Lundy 13. — M. de Cadenet fiance Mlle de Pequigny, et l'espouse le lendemain dans la chappelle de la Monnoye. — N'y avoit que 7 ou 8 personnes. Le roy lui donne 11 c. m. livres, dont c. m. livres par don vérifié, et le reste par comptant.

Mardy 21. — M. de Brante part de Lesigny (où le Roy s'estoit allé pourmener) pour aller à Angers trouver la Reyne mere affin de la disposer d'agréer la conclusion du mariage de Monsieur avec Mlle de Montpensier. — Revient le 30e.

Mardy 28. — M. le Maréchal de Lesdiguières arrive

à la cour avec deux ou 3oo chevaulx qui furent au devant de luy. — Salue le roy le lendemain.

Vendredy 31. — M. de Longueville faict appeller M. de la Chastaigneraye par M. le duc de Retz. Subjet de la querelle : Parthenay en Poitou appartient à M. de Longueville. M. de Sully, estant dans les affaires, obtint de Madame de Longueville d'y mettre un gouverneur, qui fut M. de Sarrouest, lequel l'a vendu depuis, à M. de la Chastaigneraye, pour xv m. livres. M. de Longueville veult ravoir sa place. M. de la Chastaigneraye promet tousjours d'y satisfaire; mais en fin, cela traisnant en longueur, M. de Longueville se résoult de se battre avec luy; et M. le duc de Retz se doubtant qu'il avoit quelque chose en l'esprit, et l'ayant pressé au bal (chez Mad^e la comtesse de Rochefort, le jeudy 3o^e) de le luy dire, il se descouvrit à luy, et le pria de faire l'appel le lendemain matin à 5 heures, ce qu'il fit. M. de Longueville, ayant couché à l'hostel de Soissons, se fit descendre avec des cordes par la fenestre d'une garderobbe. M. de Retz se debvoit battre contre l'escuyer de M. de la Chastaigneraye, lequel fut arresté auprés du bois de Boulongne, lieu de l'assignation. M. de Longueville et M. de Retz se sauverent.

FEBVRIER

Jeudy 6. — M. le Maréchal de Lesdiguieres presenté Duc et Pair par M. de la Martilliere.

Samedy 8. — Procession generalle sur la maladie de

la reyne, qui avoit esté à l'extremité deux jours auparavant.

Vendredy 14. — Le roy va à Dampmartin. Revenu le lundy 17.

Mardy 18. — Le roy va au parlement faire verifier edicts des procureurs, heredité des offices de police et doublement des presentations. M. le Garde des sceaux porta la parolle en l'absence de M. le Chancellier. M. le premier President dit mot à mot ce qui en suit : « Sire, nous avons un extresme regret que la nécessité de vos affaires apporte un tel empeschement et obstacle à vostre bonté, que d'oster à vostre parlement son antienne liberté de cognoistre et deliberer sur les édicts qu'elle propose avant que les veriffier de vostre puissance absolue; et d'autant que cette obmission de vous soubsmettre à cette loy, de tout temps par vos predecesseurs inviolablement gardée, est un argument et présage de la diminution de vostre auctorité et du déclin et panchement de vostre dignité royalle. Apres avoir respandu nos vœux au Ciel pour sa prosperité dedans et dehors le royaume, nous supplions la divine bonté qu'il luy inspire la cognoissance sy parfaicte du prejudice qu'elle faict à son équité, que le juste ressentiment qu'elle en aura à l'advenir tumbe et fonde sur la cause et sur les autheurs de ce conseil. A quoy ne pouvant en ce lieu, comme nous debvrions, satisfaire par nos tres humbles remonstrances à Vostre auguste Majesté, nous graverons en nos memoires et escrirons en nos registres leurs noms et qualitez, à la décharge de nos consciences devant Dieu et nostre roy. » Après, M. Servin parla encore beaucoup plus hardiment. — M. de Lesdiguieres prit sa place au dessoubs de M. de Luynes.

Mecredy 19. — Le roy manda au Louvre M^{rs} les Presidens et M^{rs} les Gens du roy. M. le Chancellier parla. M. le premier President respondit qu'il n'avoit rien dit dont il n'eust charge de la Compagnie, et que sy en son particulier il avoit despleu au roy, il luy en demandoit pardon. M. Servin respondit plus fermement. Apres qu'ils furent sortis, le roy renvoya querir M. Servin seul; mais M. le procureur general Molé et M. Talon, l'advocat du roy, l'accompagnerent. M. le Chancellier luy fit encore une remonstrance; il replicqua sy hardiment qu'il y eut peyne à le faire taire.

Jeudy 20 ou environ. — Callais achepté de M. de Luynes par M. d'Arquien et payé iiii^{xx}xv m. livres d'une part, viii m. livres d'autre, mil pistolles et une pention de iii m. livres à Mad^e d'Arquien. — Moisset en paya à M. d'Arquien iii c. m. livres qui luy ont esté rendus par une ordonnance de comptant payable par M. de Beaumarchais, contresignée Phelypeaux et dattée du vi^e may mil six cent...

Lundy 24. — M. le Prince va à la Chambre, accompagné de Mrs de Chasteauneuf, president Jeannin et Vignier, faire veriffier edicts des procureurs.

Le mesme matin va à la cour des Aydes faire veriffier edicts.

Madamoiselle de Schomberg mariée avec M. de Liencour.

Mardy 25. — Contract passé pour mariages entre M. le prince de Joinville et Madlle de Bourbon, et M. le duc de Joyeuse et Mlle de Luynes.

Mecredy 26. — Declaration veriffiée au parlement pour declarer criminels de lèze majesté les huguenots assemblez à Loudun s'ils ne se séparent trois semaines après la signification qui leur sera faicte de ladicte declaration.

Jeudy 27. — Le roy va en Picardye. Revenu le samedy 14. Ceuz de Loudun ayant durant ce temps envoyé des députez, ils furent trouver le roy à Amyens. M. le Mareschal de Lesdiguières y fut aussy.

MARS

Lundy 16. — Le roy va à Lezigny d'où il part le lundy 23e pour aller à Fontainebleau.

Environ ce temps, arrive de Rome la dispence du mariage entre M. le Comte et Madame; en quoy M. le Marquis de Cœuvres usa d'une extresme dilligence.

Vendredy 27. — La nouvelle arrive au roy que l'assemblée de Loudun avoit obéy, ayant nommé six députez et résollu de se séparer aux conditions convenues par M. le Mareschal de Lesdiguières, qui avoit eu charge de les asseurer de quelque chose davantage que ce que le roy leur avoit promis [1]. Les conditions, à ce que j'ay peu aprendre, sont de faire recevoir dans 4 mois les deux Conseillers, — faire raison dans 6 mois du faict de Lectoure. — Pourvoir dans 7 mois à l'affaire de Béarn, ainsy que le roy adviseroit en son conseil aprés avoir entendu les remonstrances de ceux du pays. Augmenter XLV m. livres par an pour les gages des ministres. Donner un brevet pour la continuation des places de seureté durant quatre années, qui est... plus que ce qui reste à expirer. Donner LX m. livres pour les frais de l'assemblée.

On dit que M. le Mareschal de Lesdiguières avoit eu appréhention d'estre arresté par le roy sy l'assemblée ne se séparoit, et que cela l'avoit.......... et les huguenots pour l'amour de luy, à s'accommoder plus facilement, et qu'il avoit eu grand regret d'estre venu à la cour où la vanité de sa femme l'avoit amené, voulant paroistre comme femme où elle n'avoit esté veue que comme maistresse.

Ensuitte le sr de Nonville et deux autres députez vinrent à Fontainebleau apporter au roy la nomination de leurs six députez, qui estoient les sieurs de Vérac, de Favaz (de Chateauneuf, Malleray, Chalas et Mone-

---

1. Est à remarquer que c'est une maxime entre les huguenots de ne s'embarquer jamais à la guerre que vers l'automne, affin de trouver de quoy vivre à la campagne, pour ce que n'ayant point d'argent, les autres saisons leur sont incommodes.

Il y eut grand conteste dans l'assemblée à résoudre cette séparation.

reau), entre lesquels le roy choisit M. de Favaz et Chalas. Il leur fut baillé par gratification xii c. livres pour leur voyage.

Dimanche 29. — M. du Mayne part de grand matin de Paris sur des coureurs, et ayant pris la poste à........ s'en va à Bourdeaux. Dit qu'il avoit eu advis en plusieurs divers endroictz que l'on le vouloit arrester....... citadelle d'Amyens. M. de Cadenet l'empesche alléguant qu'il estoit venu sur sa parolle, s'en vante à Mme la Comtesse, qui en donne advis à M. du M[ayne]. — M. le Prince, instigateur [1]. M. de Bellébat va le jour mesme à Fontainebleau asseurer que M. du Mayne n'avoit point de mauvaises intentions, et est envoyé vers luy.

Deux ou trois jours aprez, Mr Destyots Vall.... arrive avec lettres de M. du Mayne au roy, plaines de grandes submissions et jusques à luy demander pardon de ce que l'apréhension qu'il avoit eue d'estre arresté sur les mauvais offices que l'on luy rendoit auprez de Sa Majesté l'avoit fait résoudre à s'en aller sans luy demander congé. — M. Destiots... M. de Luynes... et prit, comme je croy, lettres de luy.

En mesme temps que le Conseil fut assemblé sur le départ de M. du Mayne, il avoit esté résollu d'envoyer le Moyne à Bourdeaux avec lettres patentes pour inter-

---

1. M. le Prince fort puissant sur l'esprit de M. de Luynes, plustost par ses persuasions que par affection violente que M. de Luynes ayt pour luy.

dire M. du Mayne de son gouvernement; mais depuis cela fut changé.

On a sçeu que M. du Mayne arriva à Bourdeaux en poste, luy septiesme, le..., à neuf heures du matin, et fut au parlement, où il parla fort résolument.

AVRIL

Dimanche 5. — M. de Montbazon part de Fontainebleau pour aller à Angers vers la reyne mère, avec lettres du roy dont le sens est que pour empescher les faulx bruits que l'on faict courir tant dedans que dehors le royaume d'une mauvaise intelligence entreux, ce qui ne peult cesser que par la présence, il s'avance à Orléans affin de luy donner moins de peyne à le venir voir; que sy elle veult, il ira plus loing, soit à Bloys, à Amboise, à Tours, ou en tel autre lieu qu'il luy plaira; que sy elle manque d'argent pour son voyage, il luy en envoyera. Sy elle s'opiniastre à ne point venir, M. de Montbazon a charge de la presser et mesme de luy toucher le trop de créance qu'elle donne aux advis de M. de Lusson, et que s'il continue le roy pourra bien la supplier de l'esloigner d'elle.

On dit que le dessein de ce voyage du roy à Orléans est pour tesmoigner à tout le monde et principallement à Paris qu'il ne tient pas au roy qu'il ne voye la reyne sa mère.

Jeudy 9. — Mrs du Parlement ayant esté mandez par

le roy pour luy faire leurs remonstrances sur le subject des Ducs et Pairs qui demandent d'estre receuz à Fontainebleau, M. le premier President, accompagné de Mrs Sanguin, Le Grieux et Neuville, porte la parolle.

Le roy part pour aller à Orléans, va coucher à Malesherbes et le samedi à Orléans. Le Conseil demeure à Fontainebleau.

Le roi estant à Malesherbes, M. Bouthillier, secrétaire de la reyne mère, l'y vint trouver avec lettres de Sa Majesté.

Le dimanche, le roi receut un courrier de Mr de Montbazon par lequel il apprit que la reyne acceptoit l'offre que Sa Majesté luy faisoit de ne la point presser de venir et de retourner vers Paris et Anizy.

Lundy 13. — Le roy part d'Orléans et arrive le mecredy à Fontainebleau, d'où il part le mardy 21; va coucher à Lesigny, et le vendredy 24 arrive à Paris, où il couroit force mauvais bruicts et mauvais discours contre M. de Luynes.

MAY

Vendredy 1er. — Le roy reçoit nouvelle que l'affaire de Privas estoit accommodée. L'affaire estoit que Mad^e de Montauban, vefve du fils de M. de Gouven, qui estoit de la relligion et dame du chasteau de Privas (qui, depuis les édicts de pacification, avoit tousjours demeuré en mains huguenotes, bien que ce ne soit place de seureté), s'estant mariée à M. le vicomte de Lestrange, catholique, ceulx de la relligion en ayant pris l'alarme, M. le vicomte de Lestrange les prévint et se rendit le maistre du chasteau, et (je croy) d'une tour de la ville jointe au chasteau, et que les habitans avoient autreffois volontiers souffert y estre attachée, et en estoient marris maintenant. Ceulx de la relligion voulant, à quelque prix que ce fust, en avoir raison, assemblent un cercle à Privas, et font venir jusques à deux mil hommes de guerre des Sevennes, Daulphiné, Bas Languedoc et hault et bas Vivarays, et assiégent le chasteau. Sur quoy, M. de Montmorency met sur pied cinq ou six mil hommes de pied et 5 ou 600 chevaulx, et, avec deux canons de Tournon (il en faisoit encore venir deux de Lyon), va droict vers Privas. Ceux de la relligion recognoissent leur faulte, désarment et séparent le cercle. M. de Montmorency envoye le Sr Hannibal avec son capitaine du Gardin, et le prévost, pour faire le désarmement de Privas et lieux circumvoisins. Tout ce que dessus convenu jusques à ce que le roy en eust ordonné. La foiblesse de ceux de la relligion parut entierement en ceste action.

Mardy 5. — M. de Béthune et M. de Préaux-Chasteauneuf (et M. le duc d'Angoulesme, deux ou trois jours après) partent pour aller en ambassade en Allemagne. M. de Boissise avoit esté nommé ; mais, n'ayant voulu cedder à M. de Béthune, il n'alla point. Depuis, on nomma M. de Roissy.

M. le duc d'Angoulesme a eu xiiii mil livres d'ameublement et vi mil livres par mois; M. de Béthune xii mil livres d'ameublement et iii m. livres par mois; M. de Préaux... d'ameublement et iii m. livres par mois.

Jeudy 7. — Le roy va à S*t* Germain. Revenu le lundy 11*e*.

Samedy 10. — M. de Blanville est envoyé par le roy à Angers, vers la reyne mère, avec despesches et créance pour luy donner touttes sortes d'asseurances de la bonne volonté du roy.

Revenu le lundy 18*e*. Rapporte en substance qu'elle desire voir des effects.

Environ le 18. — De Ryone, pris à cause d'un livre qu'il avoit faict contre M. de Luynes, lequel fut trouvé dans un privé, est renvoyé au Chastellet. M. de Bullion et M. de Bailleul avoient esté ses commissaires. Renvoyé au Chastellet, où condamné à avoir la teste tranchée. Appelle, et les Gens du roy *a minima*. — Condamné au Parlement à faire amende honorable devant Nostre-Dame, nu, en chemise, la corde au col, estre banny à perpétuité et le livre bruslé[1] ; ce qui fut exécuté le samedy 14 juin. Dit lors tout hault qu'il n'avoit rien escript contre le roy, mais seullement contre M. de Luynes, et que ce qui luy estoit maintenant à opprobre

---

[1]. Au Parlement ils furent dix qui opinèrent à la mort, sçavoir : Premier président d'Osembray, président Le Jay, Courtin, Bénard, Sanguin, Charton, Crieux... et dix à l'arrest.

luy serviroit, un jour, de triomphe. Ramené à la Conciergerye pour bastille, au lieu d'estre banny.

Vendredy 22. — Le roy va à Fresne. Revenu le lundy 25.

Mecredy 27. — Les chambres sont assemblées sur la réception de deux conseillers de la relligion. M. le Prince y fut. Nul de ceux qui avoient autreffois esté ses partisans n'opina pour la réception. L'affaire fut refusée et passa de... voix contre.

Vendredy 29. — Mrs du Parlement mandez au Louvre pour ce subject.

Samedy 30. — M. de Humières faict serment de la charge de premier gentilhomme de la chambre, par luy acheptée, de M. le Grand, cxvi m. livres, et... M. le Grand s'est réservé les xv m... de livrée des 6 pages...

M. de Roquelaure s'en retourne en Guyenne.

Dimanche 31. — M. de Blainville retourne pour la seconde fois à Angers. — On paye comptant à la reyne mere cvii m. livres, d'une part, sçavoir : lxxii m. livres de la patente de Languedoc de 1618, et xxxv m. livres faisant le parfaict payement des vi c. m. livres promis par le traicté d'Angoulesme. Et n'y ayant point d'argent à l'espargne, M. de Schomberg et M. de Beaumarchais s'obligèrent en leur privé nom, à M. de Choisy, de l'argent à prendre sur les ix c. mil livres du traicté faict par luy et M. Moreau. — Plus l'édit sur les greffiers du grenier à sel, à cause de pareille somme promise à M. de Lusson, comme le fils aîné de M. de Richelieu. Plus xviii m. livres, au lieu de ce que la province de Normandie avoit donné à la reyne en 161..., laquelle somme avoit esté touchée par M. de Luynes. — Plus, en assignation, xxx m. tant de livres pour 4 m... des 400 estans dans les places de la reyne. Plus xiii m. iii c. iiii^{xx} xiii livres pour le quartier de janvier de la compagnie des chevaulx légers.

JUIN

Lundy 1er. — M. de Canaples marié avec Mad^{lle} de Comballet. On luy donne ccc m. livres, sçavoir : le roy, c. m. liv.; M. de Luynes, c. m. liv., et M. de Bonneuil le père, c. m. livres [1]. Survivance de la charge de mareschal de camp du régiment des Gardes; xviii m. liv. de pention à Mad^e de Lesdiguieres, outre xii m. liv. qu'elle avoit desja. M. le Cardinal dit la messe et les marie au Louvre dans la chapelle de Monsieur. M. de Canaples (que l'on avoit faict revenir d'Allemagne) avoit entendu la messe auparavant, en secret, et au... de M. le Mareschal de Lesdiguieres.

Lundy 8. — Mademoiselle de Bourbon baptisée dans la chapelle de la reyne au Louvre. La reyne et M. de Luynes la tindrent. Le lendemain, M. le Prince donne le bal à la reyne à l'hostel de Montmorancy.

---

1. Moisset a advancé au Roy 300,000 livres.

Samedy 13. — Mrs du Parlement furent mandez au Louvre pour rendre raison de l'arrest qu'ilz avoient donné quelques jours auparavant, par lequel ils avoient appointé au Conseil l'opposition formée par le présidial d'Issoudun à la pairie de... pour ce qui concerne les appellations mouvant au Parlement; M. le Garde des Sceaux porta la parolle, et dit que le roy vouloit que l'execution de cest arrest fust surcise. M. le Premier Président respondit que la cour avoit eu des raisons sur lesquelles elle s'estoit fondée pour donner cest arrest. Il n'y eut que M. le Premier President et M^{rs} les Gens du roy mandez. M^{rs} le Garde des Sceaux, cardinal de Retz et de Schomberg parlerent à eux auparavant. La response de M. le Premier Président fut (ayant concerté avec M^{rs} les Gens du roy) qu'ils ne pouvoient respondre... des raisons que tous ceux de la compagnie avoient eues de donner cest arrest.

Mardy 16. — M. de Blainville, revenu d'Angers, rapporta que la reyne mere demandoit jusques à la fin du mois pour prendre advis de ses amis.

Vendredy 19. — M. le Prince va en Berry. Revenu le mecredy 1er juillet, et n'ayant peu, avant son départ, porter les choses à la guerre, il y frappe coup à son retour, contre ce que M^{rs} les ministres avoient gangné durant son absence pour porter les choses à la paix.

Le mesme jour, tenu conseil chez M. le chancellier, on résollut de donner à la reyne le temps qu'elle demandoit et que M. de Blainville retourneroit, ce qu'il fit 3 ou 4 jours aprez.

Lundy 22. — M. de Lesdiguieres s'en retourne en Daulphiné. On y avoit gangné l'esprit de sa femme pour luy faire croire que M. de Créquy ne s'estoit porté au mariage de Melle de Comballet qu'affin d'avoir l'appuy de la faveur de M. de Luynes pour rompre le mariage de M. le comte de Saulx, advenant le decez de M. le Mareschal de Lesdiguieres.

Mardy 23. — M. de Montbazon revient à la cour (apres que Mad^e la comtesse de Rochefort, Mad^e de Luynes et M. de Brantes l'avoient esté trouver séparément) d'où il estoit party malcontent quelque 15 jours auparavant sur ce que l'on avoit résolu d'appeler Mr de Guise et M. le Grand dans les affaires ; ce qui n'a esté exécuté, dont ils ont esté fort faschez.

Dimanche 28. — M. de Nemours part à minuit et va à Angers trouver la reyne mère.

Douze ou treize compagnies des vieux régimens qui estoient en Champagne vont à Metz trouver Mr de la Vallette, sçavoir : cinq de Piedmont, deux de Picardye... Les capitaines prennent subject, pour emmener assez de vieux soldats qui n'estoient de leur caballe, de leur dire qu'ils avoient receu commandement d'aller garder un passage pour empescher que l'armée espagnolle, qui passoit pour aller en Flandres, n'entrast dans la France ; et puis, quand ils furent à quatre ou cinq lieues de Metz, ils leur dirent qu'il falloit aller prendre l'ordre de M. de la Vallette.

Le roy donne les compagnies de tous ceux qui s'en estoient allez.

Response de M. de Bullion quand..... luy fut faite plainte des soldats qui estoient allez à Sedan.

Mardy 3o. — M. le Comte et Madame la Comtesse de Soissons partent à minuict, arrivent à Angers le mecredy viii juillet. Mad^e la Comtesse ayant baizé la main à la reyne, la reyne la baisa par deux fois, et M^r le Comte luy ayant faict la révérence, elle le baisa (on dit deux fois) et dit : « Je le baise comme mon troisiesme filz. » La reyne les fit aussy loger tous deux dans le chasteau d'Angers et les défrayoit.

La mesme nuict du mesme... M. le Grand Prieur part aussy de la cour.

Le mesme jour, M. de la Vallette, accompagné d'environ 800 hommes, désarme les habitans de Metz.

JUILLET

Environ 3e. — M. de Bassompierre envoyé par le roy en Champagne en quallité de mareschal de camp pour luy amener les troupes estant audit pays.

Samedy 4. — Le roy va au Parlement. M. le Chancelier porta la parolle, représenta tous les debvoirs que le roy avoit renduz à la reyne sa mère ; les subjetz qui le menoient en Normandie ; princes absens de la cour ; qu'il avoit voulu leur donner part de ses conseils ; leur recommandoit d'avoir soing de ce qui estoit de son service, etc. Mr le Premier Président remercia fort le roy, au nom de la compagnie, de l'honneur qu'il faisoit au Parlement, protesta fidellité, etc.

Ce jour et les deux suivans Mrs de Montbazon, le Grand, Archevesque de Sens et president Jeannin, vont trouver la reyne mère à Angers (M. de Bérulde envoyé aprez), avec amples pouvoirs. Elle doubta fort sy elle les debvoit recevoir, ayant sceu que le roy estoit party de Paris pour aller en Normandie.

Dimanche 5e. — M. de Brante fiance Mlle de Luxembourg (qu'il espouse le lendemain), et le contract fut aussy passé entre la jeune et M. le Comte de la Voulte, et la petite mise entre les mains de Madame de Ventadour, sa mère. M. de Brante prend le nom et les armes de la maison de Luxembourg. Le roy luy donne II c. m. livres par comptant.

Melle de Luxembourg avoit esté promise par le prince de Tingry, son père, à M. le prince de Sedan par articles signez de luy et de M. le Prince.

Mardy 7. — Le roy va coucher à Pontoise le mecredy 8, à Magny le jeudi 9, à Escouy le vendredy 10, à Rouen le dimanche 12, à la Bouille le lundy 13, à Ponteau de mer le mardy 14. Disner à Honfleur, coucher à Dives. Le mecredy 15, coucher à Ecauville, coucher à Caen.

Il ne fut jamais un plus hardy voyage, car le roy n'avoit pas cc chevaulx et trois mil hommes de pied pour aller dans la plus puissante province de l'Estat quasy toutte conjurée contre luy. Dans le conseil tenu à la Bouille sur les grandes difficultez qui se presentoient de tous costez, le Roy dit : « Péril deçà, péril delà, péril sur terre, péril sur mer : allons droit à Caen. »

M. de Longueville a dit depuis qu'ayant cinq cens gentilshommes auprès de luy avec lesquels et le reste de sa caballe il se pouvoit très facilement rendre maistre de Rouen, aussitost que l'on sceut que le Roy estoit party de Paris, le nombre de ces gentilshommes commença à diminuer, ce qui continua de telle sorte à mesure que le Roy s'approchoit, que, se trouvant presque seul, il fut contraint de sortir de Rouen.

Idem. — M. de Longueville part de Rouen (voyant que le roy venoit à Rouen) aprez avoir esté au parlement, où l'on dit qu'il parla fort bien, faisant de grandes protestations de services au roy, mais se plaignant des ennemis qu'il avoit auprez de luy.

On dit qu'il avoit eu desseing, le jour précédent, d'exécuter une entreprise pour se rendre maistre de la ville, et que pour cest effect, luy avec 5 ou 600 hommes qu'il avoit ramassez, tant gentilzhommes que soldats, Bocquemare avec 3 ou 400 hommes qu'il eust faict venir par le vieil Pallais, et Saint Aubin avec une multitude de s..... et autres factieux du menu peuple, devoient donner la nuict en mesme temps en trois ou quatre des principaulx endroicts de la ville, ce qu'on dit qui fut descouvert par un des sergens que Mr de Saint Aubin

avoit envoyés..... et leur avoit commandé de se.....
M. de Bourtroude son père, pour prester le serment de
faire tout ce qu'il leur commanderoit. — Plusieurs estiment que la chose n'estoit pas sy preste et qu'il estoit
comme impossible à M. de Longueville de se rendre
maistre de Rouen.

Ce mesme jour, le président de Bourtroude se retire à Falaise (ainsy que l'on dit). Est à remarquer qu'auparavant il avoit esté mandé par le roy avec d'autres
pour rendre raison des refus faits par le parlement sur
la veriffication de quelques édicts, et il n'avoit voulu
venir, se mocquant de ce que le roy luy mandoit.

[*Jeudy* 9]. — M. le Coronel, envoyé par le Roy à
Rouen, entre le jeudy au Parlement.

Ce que M. le Coronel dict au Parlement de Rouen :

Messieurs, le Roy a tant de jalousie et d'amour pour
sa grande et chère province de Normandie, qu'il n'a
peu souffrir d'apprendre les orages qui la menacent sans
y apporter sa main puissante pour y donner le remède.
Il m'a commandé de vous en venir asseurer, et que non
seullement il veult travailler à mettre toute chose icy
dans son premier calme, mais encore dans l'estendue de
son Estat. Et pour ce subject il a despesché vers la Reyne
sa mère des personnes de quallité et de mérite qui ont
charge de sa part de luy donner tout subject de contentement. J'ay receu à joye et à bonheur que Sa Majesté
m'aye donné ses commandemens pour vous venir renouveller les vœux de mon tres humble service et vous en

rendre passionnément les effects si l'occasion s'en offre, n'y ayant compagnie en ce royaume à laquelle j'aye dédié et à laquelle je doive ce que je fais à celle cy. Vous suppliant tres humblement, Messieurs, de m'assister toujours de vostre authorité et de vos bons conseils affin que nous servions bien et fidellement le Roy et que la province en reçoive de l'utilité.

M. le Marquis de Maulny envoyé par le Roy à Caen, et Mrs de Praslain et de Créqui commandez d'y mettre des troupes, sur ce que les députez de Caen estoient venus trouver le roy à Ponthoise.

Jeudy 9. — Bocquemare, qui auparavant avoit fainct de refuser les portes à M. de Longueville affin d'avoir subject de fortiffier sa garnison qu'il mit jusques à plus de... hommes; craignant que son entreprise ne fust découverte, il quicte Rouen environ sur le midy. De St Aubin, son beau frère, s'en alla après luy. On croit qu'ils vont à Dieppe.

Bocquemare avoit donné sa foy à M^r le Coronel de servir le Roy. Estant party, M^r le Coronel s'asseura du vieil Pallais, en fit sortir la garnison et y mit quelques soldats des Gardes.

Vendredy 10. — Mrs de Praslain et de Créquy partent de Rouen à 5 heures du matin avec 8 compagnies du régiment des Gardes, et, le dimanche 12e, à 10 heures du soir, ils arrivèrent à Caen, où ils se logèrent dans le faulxbourg des Dames... Ceux du chasteau ne tirèrent point sur eux.

Mrs de la Mailleraye..., St Pierre et plusieurs autres de Normandie vinrent trouver le Roy.

M. le vicomte du Charmel apporte lettres de la reyne pour excuser le faict de Metz, et se plaignit du partement du Roy.

Samedy 11. — Le Roy va au Parlement de Rouen. La séance fut comme il s'ensuit :

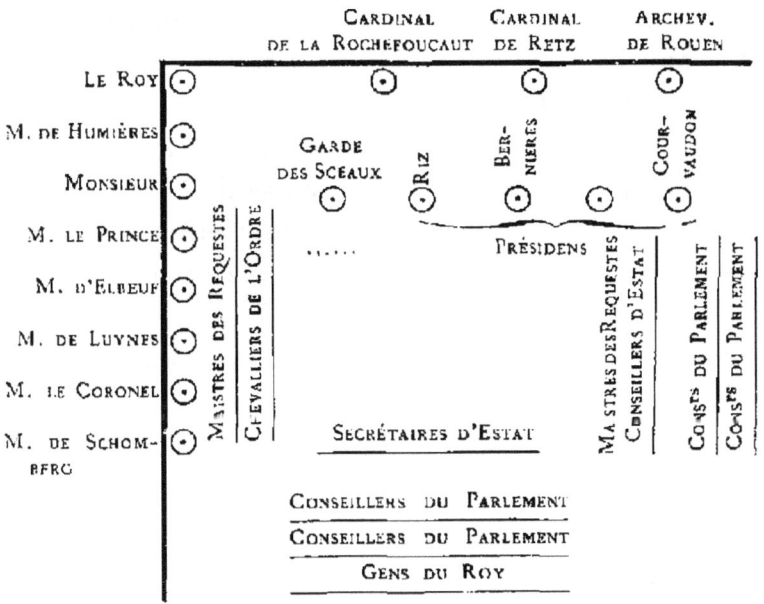

Le Roy ayant dit quelques parolles que l'on n'entendit point, M. le Garde des Sceaux luy fit une grande révérence et puis commença sa harangue, par laquelle il représenta tout ce qui s'estoit passé entre le Roy et la Reyne sa mère depuis sa sortie de Blois ; les artifices dont quelques uns usèrent pour empescher qu'ils ne fussent en bonne intelligence; les diverses personnes qu'il avoit envoyées vers elle; le partement de la cour de Mrs du Mayne, de Nemours, Grand Prieur, et de M^r le comte et Mme la comtesse de Soissons, qu'il chérissoit infiniment plus que tout le reste, comme il avoit tesmoigné par le cher gage qu'il luy vouloit mettre entre ses mains, qui est Madame sa sœur; que sur toutes ces préparations de... et les advis qu'il avoit eus des pratiques qui se tramoient en Normandie contre son service, il avoit voulu s'y acheminer luy mesme en personne pour asseurer le repos de la province et de Rouen; qu'ayant mandé M. de Longueville, et M. de Longueville s'estant retiré au lieu d'obéir, il ne pouvoit confier entre ses mains une sy importante province jusques à ce qu'il recongnust son debvoir; que quant à ses officiers qui s'estoient absentez, il avoit aussy estimé debvoir procéder contre eux selon les loix; que pour cest effect il avoit fait expédier les lettres patentes qui seroient présentement leues; que le Roy avoit bien voulu faire entendre à ceste compagnie l'estat de ses affaires, affin qu'elle seust avec quel regret il se portoit à chastier la désobéissance de ses subjects; que pour le regard de la Reyne sa mère, il luy rendroit tousjours toutes sortes de respect et de révérence; représenta les nécessitez des finances et les pria de se rendre faciles à la vérification des édicts de prets que le roy avoit... depuis peu.

Après, M. le Premier Président parla au Roy debout

et nue teste; commencea par remerciemens du soing qu'il avoit eu de leur province et particullierement de la conservation de Rouen et l'honneur qu'il leur faisoit de tenir son lict de justice; protestations d'obéissance et de fidélité; louange du conseil que le Roy prenoit de voulloir donner la paix en son royaume; supplication tres humble de continuer en ce bon desseing, principallement envers la Reyne sa mère, princesse d'excellente vertu, et à laquelle la France estoit redevable de luy avoir produit Sa Majesté pour la faire régner sur nous, et sa postérité sur la nostre; comme aussy d'avoir conservé l'Estat durant sa régence, et de tant d'autres obligations qu'il seroit impossible de les exprimer toutes, etc.

Aprez, le greffier du parlement lut tout hault les lettres patentes par lesquelles le Roy révocque... le pouvoir de Gouverneur de Normandie à M. de Longueville, et luy deffend l'entrée de toutes les places, jusques à ce qu'il aye recongnu son debvoir et se soit remis aux bonnes graces du Roy. Après, on leut d'autres lettres patentes par lesquelles le Roy interdit les Srs de Bourtroude et de St Aubin de l'exercice de leurs charges et de l'entrée de Rouen, jusques à qu'ils se soient purgez.

Après, M. de Brétinière, procureur général, parla et fit merveille. Il parla aussy fort dignement de la Reyne mère, et supplia instamment le Roy de voulloir donner la paix à ses peuples.

Ce mesme jour, M. le Coronel et M. le premier President de Rouen furent à l'hostel de ville, et firent des eschevins. On fit aussy, ce soir là ou le lendemain matin, des capitaines de la ville.

Le Roy apprend par M. le prince de Joinville la nouvelle du partement de Paris de M. le Cardinal de Guise, auquel on avoit donné le commandement de l'armée de Normandye.

Lundy 13. — Pouvoir à M. d'Elbeuf pour commander en Normandie, en l'absence du Roy, aux trouppes. M. le mareschal de la Chastre laissé pour luy servir de conseil, et M^{rs} d'Oriac, de Courtaumer, de mareschaux de camp.

Mardy 14. — M. le Vicomte de Sardini vint trouver le Roy à Dives, et, apres luy avoir faict la révérence, luy presenta une lettre qu'il dit avoir charge de luy donner de la part de la Reyne. Sa Majesté le Roy la refusa, et luy respondit en cholère : « Ce n'est point la Reyne ma mère qui me l'a escripte; vous l'avez faicte à Paris. » A quoy ayant respondu qu'il n'avoit point esté à Paris, le Roy replicqua : « Je sçay bien que c'est vous qui l'avez faicte. Sy la Reyne ma mère a quelque chose à me mander, elle me le peult faire sçavoir par mes députez qui sont prez d'elle. Allez vous en tout à ceste heure, et que je ne vous voye jamais. » Le vicomte de Sardini respondit : « Sire, je m'en vas. » Ce qui a esté cause de ceste response est que l'on croit qu'il apportoit le manifeste. En s'en allant, il rencontra M. de Préaux, auquel il monstra ce que portoit une lettre de la Reyne et, entr'autres poins, qu'elle estoit obligée, pour la conservation de l'Estat, de presenter des requestes au Parlement. — Le Roy despesche Boyer à Angers sur ce subject.

Bellemont, lieutenant de M. de Maussac, blessé d'une mousquetade à la jambe.

M. de Bellemont le père vient trouver le Roy.

Mecredy 15. — Le Roy arrive à Caen, envoye Mr Galeteau, son premier vallet de chambre, avec un trompette, sommer Mr Prudent de se rendre. Ils eurent plusieurs discours dont la substance fut que, Mr le Grand Prieur l'ayant mis dans ceste place, il estoit résollu de mourir pour la luy conserver, jusques à ce qu'il receust un commandement de luy pour la remettre entre les mains du Roy; que c'estoit à M. le Grand Prieur qu'il se falloit addresser, et non pas à luy; que quand il auroit sy peu de courage que de voulloir faire aultrement, il y avoit 30 gentilzhommes là dedans, tous amis de M. le Grand Prieur, qui ne le souffriroient pas; que, sy on voulloit qu'il envoyast vers Mr le Grand Prieur, il falloit bien 15 jours pour avoir responce. Galleteau, n'en pouvant tirer autre chose, se retourna vers 10 ou 12 soldatz qui estoient là, et leur dit qu'il avoit commandement du Roy de leur dire que, s'ils résistoient dans le chasteau, le Roy les déclareroit criminels de lèze majesté, les feroit tous pendre quand il les auroit pris, et banniroit leurs femmes et leurs enfans hors le royaume. Et adjouta que, puisque M. Prudent estoit sy opiniastre à desobéir au Roy, ils ne debvoient pas se perdre pour l'amour de luy, et qu'ils se pouvoient sauver et gangner x m. livres s'ils se rendoient maistres de la place. M. Prudent respondit qu'il s'estonnoit fort comme il leur tenoit ce langage; qu'à tout autre qu'à luy, qui estoit son amy particullier, il n'y auroit pas faict seur, et qu'il se retirast. Ce que Galleteau fit, et, en se retirant, il monstra aux soldats une médalle du Roy et leur dit : « Voilà une figure de vostre maistre, et je vous engage ma foy qu'il donnera x m. livres à celluy qui voudra jetter M. Prudent par dessus les murailles. »

Jeudy 16. — Mr Arnauld blessé, à 8 heures du soir, d'une mousquetade au bras et à l'espaule.

Vendredy 17. — Reddition du chasteau de Caen. On avoit commencé les tranchées, lesquelles ne se joignoient point encores. Il n'y avoit point encor de canon venu. Mr de Villars envoyoit du Hâvre 2 canons de batterye et quatre couleuvrines, et de quoy tirer mille coups. On avoit résollu de faire trois batteries : une au Sépulchre, une dans le faulxbourg vis à vis du coin, pour battre entre la tour carrée et la tour ronde, à l'endroit que le fossé n'est point escarpé, et une autre à... Le soir, sur les 6 ou 7 heures, Mr Prudent envoya un tambour dire qu'il vouloit parlementer. Mr de Créquy y fut envoyé par le Roy et capitula que les soldats sortiroyent la vye sauve. Mr Prudent auroit 4000 livres pour son remboursement des monstres qu'il avoit payées aux soldatz et trois mille livres à Parisot... au lieu des meubles et munitions qu'il avoit dans le chasteau. Ceste reddition arriva parce que les soldatz et caporaulx se résollurent de ne point tenir contre le Roy et s'en firent entendre de sorte que M. Prudent et... xviii gentilzhommes qui estoient avec luy, entre lesquelz Bal. Gueprei et le chevallier de P... jugèrent qu'il estoit hors de leur pouvoir de résister davantage. L'estat de la place estoit tel au vray : il y avoit environ 110 ou 120 personnes, dont 87 soldatz. Ils avoient plus de bled et de vin, de plomb et d'avaine qu'il ne leur en falloit, et moullins à moudre ; dans le donjon 4000 ou 5000 livres de poudre, assez de chair en bœufz et moutons ; et bref ils ne manquoient que d'hommes ; car ceste place est sy grande qu'il en tiendroit 2000, et en faudroit au moins 7 ou 800. — Parisot (qui avoit 7 garsons dans la place et avoit tousjours eu envie de se rendre) vint le soir trouver le Roy avec un de ses filz et luy parla fort bien. Le lendemain, le Roy alla au chasteau où il vit et parla à Mr Prudent, qui luy respondit fort bien, à ce que l'on dit.

Le Mis de Beuvron fils arrive à Caen.

[*Samedy*] 18. — Le Roy envoye Boulanger à Angers et Marais à Paris porter nouvelles de la prise de Caen.

Dimanche 19. — Ce jour, M. de Montbason part à minuict sans dire à dieu. On dit que la Reyne mit en deliberation sy elle retiendroit les autres députez, et résolut que non.

M. de Matignon vient trouver le Roy. (M. d'Amfreville, président au Parlement de Rouen, et M. de la Roche Guyon avoient esté le trouver pour l'y disposer.)

On luy baille un brevet de mareschal de France, dont il ne se contente gueres voulant faire le s... Le comte de Thorigny estoit auparavant allé trouver la Reyne mère à Angers avec M. le Grand Prieur... Mrs de Montgommery et de la Luzerne.

M. de Blainville revient d'Angers, où le comte de Rochefort, qui y avoit passé (pour aller à Nantes soubz prétexte d'une lettre à la Reyne), avoit esté arresté prisonnier dans un jeu de paulme par Montebelle. Rapporte de grandes plaintes de la Reyne de ce qu'on alloit ainsy attaquer ses amis sans qu'ils en eussent donné subject, et dit qu'ils avoient été trompez en leurs mesures.

Mr de Bailleul envoyé à Rouen pour proposer à particulliers, et puis au Parlement, fortification de Quillebeuf, ce qu'il ne fit, et sagement. (... qu'on avoit fait... 10,000 livres pour ce subject à M. de Blainville...) On ne laissa... se fortifier. XII m. livres comptant pour cela.

Lundy 20. — La Reyne part d'Angers (ayant asseuré à M. le Grand qu'elle retourneroit dans 2 jours), vient à la Flesche. Lezardière luy refuse les portes du chasteau, puis le luy rend, voyant approcher le canon d'Angers.

Mardy 21. — Mr de Créquy, que le Roy avoit envoyé à Allençon avec 10 compagnies du régiment des Gardes, entre dans la ville et dans le chasteau, où il ne trouve qu'un exempt des Gardes de la Reyne mère, que

M. de Belin y avoit laissé (ne se jugeant assez fort pour résister); lequel luy dit que la maison estoit au Roy et qu'il pouvoit venir quand il luy plairoit.

M. de Créquy, d'Allençon s'avança jusques au Mans pour asseurer la ville, ce qu'il fit. Et sans cela ils eussent porté les clefs à la Reyne mère que l'on tenoit estre partye d'Angers à ce dessein, et qui eust pris cette ville pour le lieu à assembler son armée.

Ce jour le Roy part de Caen et va à Argence et le lendemain à Lisieux où un capucin le vient trouver de la part de M. de Longueville, lequel offroit de venir trouver le Roy; mais c'estoit feinte, affin de laisser esloigner Sa Majesté, laquelle voyant s'esloigner, avoit envoyé homme à toute bride demander le capucin.

Mecredy 22. — La ville et le chasteau de Verneuil recouvrés sans résistance. — M. le marquis de Treynel envoyé de la part du Roy. Le Roy faict raser les fortifications du chasteau du costé de la ville.

Vendredy 24. — Le chasteau de Dreux remis entre les mains de Mr de Bassompierre sans résistance. A autresfois enduré deux mille coups de canon. Le Roy y laissa au commencement une compagnie du régiment de Picardye, et puis la retira, ayant fait raser le chasteau du costé de la ville.

Le Roy va à Orbec; le samedy 25 à Laigle; le lundy 27 à Mortagne; le mardy 28 à Belesme; le mercredy 29 à Bonnétable; le jeudy 30 au Mans.

Mardy 28. — Nouvelles que Mr de Thémines s'estoit rendu. M. de Moissac, 4 compagnies du régiment de Suse demeurent presque tous, et luy sort. Son régiment donné à Mr de Lozières.

M. Androu, conseiller, apporte au Roy le pacquet que la Reyne mère avoit envoyé au Parlement de Bourdeaux. Pareille despesche de Thoulouze.

Mecredy 29. — Mrs de Sens et de Bérule arrivent à Bonnestable. Ne voulurent parler en plain conseil, mais à M. de Luynes à part. Le soir, M^r le Prince vint au Mans.

Environ 200 chevaulx et quelques carabins de la Reyne s'estant avancez prez du Mans pour enlever les carabins de Montalan, ils trouvèrent que M. de Créquy (qui avoit eu l'advis) s'estoit barricadé. N'osèrent advancer. Mr de Chaudebonne tua un Garde de M. de Vendosme jeune. Beauregard blessé d'un coup de carabine, et deux autres tuez ou blessez. Se retirèrent, et sans cela estoient perdus, car Mr de Créquy avoit quantité d'infanterye en bataille dans le chemin, et avoit ainsy passé la nuict.

Jeudy 30. — Les habitans de Vendosme apportent les clefs de la ville au Roy à Bonnestable. Le jour de devant, toute la garnison du chasteau montant 7 ou 800 hommes, estoit partye avec quantité de munitions pour aller trouver M. de Vendosme à la Flesche, et avoient seulement laissé 15 ou 16 hommes dans le chasteau.

La Reyne mère part de la Flesche et retourne à Angers. Avoit envoyé onze hommes dans le Lude, qu'elle en retira, et envoya M. de... avec 500 ou 600 hommes dans Duretal pour garder le passage.

Vendredy 31. — Mrs de Sens et de Bérule partent du Mans pour aller retrouver la Reyne mère.

Le droict annuel restably [1], à condition d'augmenter les..... de 2/5 et de ne payer que le centiesme pour l'annuel au lieu du 60e, et d'avancer le xe dudit à la charge de le diminuer sur les resignations. — Mrs du Parlement trouvent ces conditions trop rudes et deputent Mrs de Grieux père et fils et M. de Bouville, qui viennent trouver le Roy à Bourdeaux. On tient conseil. Le Roy prononce que puisque les officiers ne vouloient point de l'annuel en ceste sorte, il le révocquoit.

AOUST

Dimanche 2. — M. de la Rochefoucault faict attaquer dans le bourg de Brion en Poictou quatre compagnies du régiment de Mr de Soubize. Un nommé le Vaux, capitaine, y fit merveilles et fut fort blessé. Il n'y eut quasy que luy qui tuast et se deffendist. Il y eut environ 20 hommes tuez sur la place. Mr de la Rochefoucault y perdit quelques soldatz et trois ou quatre gentilzhommes, et entr'autres un nommé Bichemon, fort brave homme.

---

[1]. Le Roy avoit escript de Rouen à Mrs du Parlement de Paris qu'il leur promettoit de restablir le droict annuel.

Mardy 4. — Le Roy va du Mans à la Flesche, et en chemin faict faire monstre à son armée dans la lande du gros Catignon. Il y avoit les régimens des Gardes Suisses, Picardie, Piedmont, Champagne, Navarre, Normandie, Rambures, 7 compagnies de Vaubernier.

Cavalerye : Gendarmes du Roy; Chevaulx légers; Coutenan, d'Elbene... compagnie de Monsieur, compagnie de M. le Prince... Elbeuf, R... d'Heure... carabins Arnauld, Montalan..., Piedmont, Champagne et Navarre estans en contestation de leurs rangs, M^r le Prince ordonna qu'ils tirassent au chappeau. Piedmont eut le premier rang.

Difficulté sur le payement et sur les dix pour cent. Arresté que tous seront payez comme sy leurs compagnies eussent esté complettes (ce qui est mauvais parce que les complettes ne sont pas mieux que les autres), et à tour les dix pour cent. On considéra que les soldatz avoient faict des traictes extraordinaires; et puis M^r le Prince fut bien aise que l'on les gratifiast.

M^{rs} le Grand, de Sens et de Bérulle viennent trouver le Roy à la Flesche.

Mecredy 5. — Habitans d'Angers désarmez.

Jeudy 6. — Le Roy va disner à Duretal et coucher au Verger, où Pierrepont et deux autres... luy amènent Nicolo Sardini, Biscarat et un troisiesme, qu'ils avoient pris à... lieues d'Angers allant en poste avec des despesches où il y avoit plus de cent commissions de la Reyne mère, la plus part en blanc. On tient qu'il y en avoit pour Mrs de Montmorency et de Chastillon. Il y avoit aussy une procuration de Mad^e la Comtesse de Soissons pour emprunter... livres que l'on envoyoit à M. du Mayne.

Vendredy 7e. — Le Roy part, à 6 heures du matin, du Verger, disne dans un pré, et sur les 5 heures du soir, ayant mis tout le reste de son armée en bataille entre Angers et luy dont il n'estoit qu'à un quart de lieue, faict attaquer le Pont de Cé par dix compagnies des Gardes, le régiment de Picardye et celluy de Champagne, deux pièces de canon, et les compagnies de Conthenan, de M^r d'Heure... Lopes et carabins d'Arnauld. Mr Zamet avec Pycardie avoit la droicte.

Laprade enseigne menoit enfans perduz. Mr de Créquy avoit le milieu (Mr de Bassompierre estoit avec luy), Malissy menoit enfans perduz, à la teste desquels estoient à pied, Humierre, Paluau, M. de Nesle, Tisny, Saldagne, Vieuville, St Jan.

... Comte de Mourevelle, avec Champagne, avoit la gauche. Comminges menoit les enfans perdus et sauta le premier de tous sur le retranchement des ennemis, où receut mousquetade au bas de la jambe. — Mr Zamet fut le premier qui jugea et opina que le retranchement estoit forçable. M^r le duc de Retz, qui avoit tesmoigné le matin un désir extresme de combattre, se retira un peu devant l'atacque (peu desespéré de ce qu'on luy dit que la paix estoit faicte) avec 1,200 hommes de pied fort lestes, et 50 chevaulz légers qu'il avoit faict mettre pied à terre. Il y avoit aussy avec luy plus de 5o ou 60 gentilzhommes à pied et entr'autres Breauté.

Ceux du chasteau, voyant qu'il se retiroit, baissèrent la porte pour l'empescher, et, tirant sur ses gens, en tuèrent 4 ou 5 ; ce que voyant, il contraignit M. de Betancour, gouverneur, de venir avec luy, et l'emmena jusques hors la ville. — Mr de Betancour, au désespoir de cela, estant revenu à perte d'haleine aussy tost qu'il se peult eschapper, trouva nos gens sur le pont, où il fit merveilles, et, ayant l'espaule percée d'un coup de picque, se retira au chasteau. On résolut donc d'attaquer ce jour là, de quoy on n'avoit nulle charge expresse, mais seullement de se loger. Les ennemis, qui estoient environ 5 ou 600 hommes le long du retranchement, firent assez bien leur premier salut et d'assez prest ; mais, aussy tost, ils commencèrent à plier vers le pont, et ainsy, abandonnans notre main gauche, monstrèrent au régiment de Champagne ce costé là tout desgarny. Vers ce temps, Mr Zamet, ayant mis six régimens en 4 petits bataillons et un gros (où estoient touttes les enseignes), s'avança sur la droite, et Laprade sautant le premier sur la première barricade la forcea. Mr Zamet, en suitte, emporta aussy la seconde, et puis vint à la troiziesme, flanquée du cimetière et d'une autre muraille, et sy forte, qu'il fallut du canon pour l'emporter ; et là, sy les ennemis eussent tenu ferme, il falloit que Mr Zamet y périst avec tout ce qu'il avoit de gens avec luy, qui estoient environ 5o ou 60. Mr de Sainct Agnan (comme j'estime avec 30 ou 40 chevauls, estant venu attaquer les enfans perduz des gardes, fut sy vivement soustenu, qu'il fut rompu, et depuis, n'estant que luy 4e et ayant faict merveilles, fut contrainct par les carabins d'Arnauld de se rendre prisonnier, et se donna à Boyer qu'il cognoissoit. Mr de Nerestang fut blessé d'une mousquetade à l'os de la cuisse, auprez du petit degré du pont, dont il est mort depuis. — Mr des Marais fut blessé en entrant par une ruelle dans la rue du pont, et mourut à 10 heures du soir. M. de Malissy et St Jan avec 8 ou 9 soldatz ou gentilzhommes, par dessus les corps morts qui couvroient le pont et empeschèrent que les ennemis ne le pussent fermer et aller recevoir. Mr de Malissy planta une barricade contre la porte du chasteau, et Mr de St Jan chassa à coups d'espée hors de la ville tout ce qui y restoit d'ennemis. — Il y eut 18 ou 19 enseignes prises. — Mrs de Vendosme et de Nemours s'estoient retirez de fort bonne heure, et Mr de Marillac aussy. — Mr de la Fosselière, Milly, Brezé, Boisguerin, maistre de camp, et un de ses fils pris prisonnier. Du Thier, lieutenant de la compagnie de chevaulz légers de la reine, vint d'Angers avec xxv maistres pris prisonniers. — Mr de Betancour, avec 30 ou 40 hommes, tira tout le soir de dedans le chasteau et une partye de la nuit, et tua ou blessa 30 ou 40 soldatz. Le faulxbourg fut donné au pillage.

Mrs Le Grand et de Berule avoient envoyé dire, sur le matin, que la paix estoit faicte, et aussy Mrs Jeannin et de... Mais ayant trop long temps demeuré à..., à cause qu'ils estoient partis d'Angers en carrosse et qu'il y avoit des barricades partout, ilz donnèrent le loisir de faire l'attaque, et arrivèrent durant le combat ; car, un peu auparavant, on apporta la nouvelle de la prise de Mʳ le comte de Sᵗ Agnan, et désja on avoit sceu la blessure de Mʳˢ de Nerestang et des Marais.

Mʳ le comte de Soissons, maréchal de Bois dauphin, grand prieur, etc., demeurèrent quasy toutte la journée à cheval, armez de toutes pièces, entre le fossé de la ville d'Angers et le faulzbourg.

L'effroy fut sy grand dans Angers ce soir là que Madame la Comtesse, Mʳ de Vendosme et autres supplièrent instamment la Reyne d'accepter la paiz à quelques conditions que ce peust estre.

La Reyne vouloit auparavant passer en Poictou et Guyenne, et on tient que M. de Lusson le luy conseilloit ; mais jamais Madame la Comtesse, Mʳ de Vendosme et autres ne le voulurent, craignant qu'elle se mist entre les mains de Mʳˢ du Mayne et d'Espernon.

Mʳ de Crequy envoya au Roy, à Brin, la nouvelle de la capitulation du château du pont de Cé, laquelle le roy accepta, aux conditions que M. de Betancour et tous ceux qui l'assistoient sortiroient avec leur équipage ; que 30 de ceuz qui estoient avec luy pourroient servir dès maintenant la reyne mère en qualité de ses domestiques, que tout le reste ne porteroit les armes de 4 mois.

Le roy ensuitte alla disner à Verger et puis alla au pont de Cé, où Mʳ le Prince luy fit présenter sur le pont du château le drappeau de la reyne mère blanc et avec ses armes couronnées et pour devise : *Pietas et Justitia*. — On dit que Mr de Betancour s'estoit plus opiniastré pour emporter ce drappeau que pour tous les autres articles de la capitulation. Il s'en trouva encore dans la ville deux autres semblables, lesquels estoient des compagnies du régiment de la Reyne mère.

M^rs Le Grand et De Bérule retournent le matin à Angers, retournent l'après disnée au pont de Cé, et revont après souper coucher à Angers touchant les articles de la paix.

Dimanche 9. — M^rs Le Grand, de Sens, président Jeannin et de Bérule viennent d'Angers au pont de Cé où M. de Lusson vint aussy et M. le cardinal de Sourdis et y retourna encore le lendemain que enfin la paix fut arrestée.

Charge de M^r de St Agnan donnée à M. De la Curée mis en possession par le Roy le 19.

Lundy 10. — Monsr de Créquy va à Angers porter la paix signée par le Roy à la reyne mère.

Mardy 11. — Les articles rapportez signez de la reyne mère par M^r le cardinal de Sourdis et l'Evesque de Lusson.

On donne à la reyne 11 c. m. livres; scavoir c m. comptant et pareille somme dans la fin de l'année, et le roy luy promet luy payer les..... qu'il luy avoit promis en 1619.

Mariage de M. de Combalet proposé avec la fille de

Mr Du Pont de Courlé, niepce de Mr de Lusson... Chapeau de cardinal; Mr de Chasan envoyé de Mirebeau à Rome pour ce subject.

Mr le Prince ne vouloit entendre parler de la paix en sorte quelconque. Mais s'estant remontré quelle estoit les deux tiers faicte, non seullement il y consentit, mais il prit la plume et adjousta plusieurs conditions encore plus advantageuses pour la reyne mère qu'elle mesme ne lui demandoit et entr'autres articles celluy qui porte que ceux qui l'ont servye seront traictez comme ceux qui ont servy le Roy.

Comme ceux qui avoient servy la reyne mère et qui se voudroient servir du traicté y estoient compris, la reyne envoya en dilligence Mr du Tremblay vers Mrs d'Espernon et Du Mayne. Mr d'Espernon avoit 4 à 500 hommes de pied et 11 c. chevaulz; il désarma incontinent. — Mr Du Mayne avoit 14 ou 15{c} hommes de pied et luy en... jusques à 2000 et... chevaulz et en debvoit avoir jusques à... Il fut au désespoir d'aprendre la nouvelle de la paiz, et on eut toutes les peynes du monde à le faire résoudre de l'accepter; enfin il désarma.

Mecredy 12. — Le roy va à Brissac.

Jeudy 13. — La Reyne mère vint à Brissac. — Mr de Praslain fut au devant d'elle jusques au pont de Cé; Mr de Luxenbourg à demye lieue et le roy à 1/4 de lieue. L'entrevue se passa assez bien. Madame la Comtesse, Madame de Nemours et Mr de Vendosme vinrent avec elle. Mr de Bois Dauphin y vint aprez.

La Reyne fit instance envers le Roy pour M^r le comte de St Agnan. — Au commencement qu'il fut pris on mit en délibération si on luy feroit trancher la teste. — Depuis il fut advisé qu'il payeroit rançon comme prisonnier de guerre. — Au pont de Cé il fut résolu que l'on le mettroit en liberté, et à Brissac la reyne mère obtint que l'on luy donneroit ix m. livres pour récompense de sa charge.

Garnison du Roy tirée du Pont de Cé par Mr de Praslain et celle de la Reyne mère restablye.

Lundy 17. — Le roy part de Brissac et va à Montreuil Bellay, où Mr de la Trémouille l'attendoit et luy fit la révérence, et là Marsillac qui est à M^r d'Espernon luy apporta nouvelles que M^r d'Espernon avoit désarmé.

Mardy 18. — M^r le Prince va à Paris.

Le roy va à Loudun.

La reyne régnante part de Paris pour aller à Tours.

Mecredy 19 — Le roy va à Mirebeau où M. le Duc de Retz le vient trouver. M^r le cardinal son oncle l'avoit envoyé querir.

Jeudy 20. — Le Roy va à *Poictiers*.

Samedy 22. — Le roy va au Port de Pile et le lendemain matin arrive à 9 heures à Tours où la reyne mère estoit arrivée le samedy au soir.

La reyne que l'on croyoit allée à Chinon s'en retourna à Angers pour dire adieu aux habitans.

Dimanche 30. — Le roy revient à Poictiers et la reyne y arrive le lendemain (ce me semble).

SEPTEMBRE

Jeudy 3. — Le roy faict voir à la reyne toutte son infanterye des régimens entretenuz en bataille à 1/4 de lieue de Poictiers ; il y avoit les régimens des Suisses, des gardes de Picardye, Piedmont, Champagne, Navarre, Normandie ; et 7 compagnies de Beaumont (Larrocques, La Lieuville estoient à une lieu de là en bataille). Le roy fit faire la monstre luy mesme et escrire le nombre des hommes de chasque compagnie et ceux qui estoient absens ou présens, fit désarmer un capitaine qui envoyoit 6 soldatz pour servir de passe-volans, condamna ceux qui n'ont que 60 hommes, à perdre leur monstre et les dix pour cent, et tous ceuz qui n'ont leur nombre complet à n'estre payez que pour ce qu'ils ont.

Samedy 5. — La reyne mère arrive à Poictiers. — La reyne fut au devant d'elle jusques au pont. Elles sortirent toutes deuz de carrosse et se firent de fort grandes embrassades. Mais quand Madame la princesse et Mad. la princesse de Conty vinrent saluer la reyne mère, elle ne fit quasy pas semblant de les regarder et la reyne en faisant de mesme à M. de Nemours, la reyne mère lui cria : « Ma fille, est ce ne voyez pas Mr de Nemours? » — Après, la reyne mère se voulut mettre et se mit dans le carrosse de la reyne, disant que le sien n'estoit pas tourné.

Dimanche 6. — La reyne mère fut voir le roy (qui luy avoit quicté son logis) et visita Mr de Luynes un peu malade, dont le roy tesmoignoit grande joye.

Lundy 7. — Mr du Maine vient en poste trouver le roy à Poictiers, et alla voir la reyne mère avec le roy.

Mecredy 9. — Le roi va à Lusignan; le lendemain la reyne part pour aller à Paris où elle arriva le...

Jeudy 10. — Le roy disne à La Mothe St Alloy, où Mr de Rohan et de Mr de Soubize le viennent trouver. M. de Rohan s'estonna en parlant. — Va coucher à Mesle. M^r le Comte de Rochefort l'amena, Mr de Luynes le présenta et Mr de Parabère parloit au roy pour luy à la fenestre.

Vendredy 11. — Le roy va coucher à Chisay, où M^r d'Espernon le vint trouver avec M^r Le Grand. — Mr de Luynes fut au devant de luy jusques à la porte de l'antichambre. Après plusieurs honnestetez, M^r d'Espernon pria Mr de Luynes de passer le premier, disant qu'il avoit besoing de luy pour asseurer sa grâce. — Le roy fut assez long temps à la fenestre avant que se tourna; M^r d'Espernon le salua fort bas, et, après avoir parlé assez longtemps et par trop, le roy luy respondit quelques motz, puis il reparla et le roy aussy à diverses reprises, tellement qu'il fut très bien receu. — On dit que Mr de Luynes desiroit le mariage de Madlle de Combales la jeune avec Mr de La Valette.

Samedy 12. — Le roy va coucher à St Jan d'Angely, où il séjourne le dimanche ; auquel jour ceuz de la religion ayant presché, le roy les envoya quérir dans le conseil, et le ministre et leur en fist luy mesme une grande réprimande pour ce qu'il leur est deffendu de prescher ez lieuz où est sa Ma{té} sinon 3 jours aprez qu'elle y est arrivée. Le ministre qui est... fit de trèsgrandes excuses et en telle sorte qu'il tesmoignoit une grande affliction et estre fort marry d'avoir faict ceste faulte. — Et le maire aussy.

Mr de Rohan ne vint pas à St Jan avec le roy. — Il avoit perdu St Jan quelque temps auparavant ; car les habitans avoient chassé la garnison et Du Parc d'Archer son lieutenant, et envoyé vers le roy.

Lundy 14. — Le roi va à Xaintes où Mr d'Espernon avoit esté le jour de devant, et suivant le commandement qu'il en avoit reçu du roy ne tesmoigna point d'inimityé à Mr de... lequel estant gouverneur et de la ville et du château avoit faict entendre au roy en ces derniers entretiens qu'il ne dépendoit en façon quelconque de Mr d'Espernon et avoit receu... livres et des commandemens pour un régiment, et 50 chevauls légiers. Le jeudy matin Mr d'Espernon alla dans le château avec 15 ou 20 hommes où Mr de... avoit 300 soldatz en bataille et dont il y en avoit environ 200 cachez dans le donjon.

Mardy 15. — Le roy va à... où M^r d'Espernon fit les fonctions de gouverneur, ce qu'il n'avoit jamais faict à cause que c'est une ville de seureté.

Mecredy 16. — Le roy va à Mirambleau.

Jeudy 17. — Le roy va à *Blaye*[1], on traicte avec M^r le marquis d'Obtere pour sa place donnée par le roy à M. de Luxembourg à 384000 livres; scavoir 300000 livres pour la place, 60000 livres pour l'artillerie, munitions, armes et vivres et 24000 livres pour recompencier 2 capitaines de la garnison (non compris La Claverye qui a la première compagnie), dont le payement lui a esté baillé, scavoir 11111 m. livres comptans empruntez de Morineau, receveur général à Bourdeaux (scavoir 24000 livres pour les capitaines et 30000 pour moictyé des munitions). 100000 livres dont Morineau luy faict la promesse payable des deniers du quartier de Janvier 1621; à prendre les dites 154000 livres sur les deniers dudit quartier de Janvier 1621 et 4000 que le roy paye pour l'inthérest desdites 54000 livres durant 6 mois, à raison du 15 pour cent, et quant aux 11 c. xxx m. livres restans, M^r le tresorier de l'espargne en baille des rescriptions à M^r le marquis d'Obtere sur

---

[1]. M^{rs} Du Maine, de Roquelaure et Card^{al} viennent trouver le Roy à Blaye. Mr de Roquelaure luy demanda pardon le plus plaisamment du monde, disant entr'autres choses qu'il avoit mérité le pendre; mais que ce n'estoit pas la première fois.

la ferme de Bordeaux, scavoir iiii^{xx} m. livres sur ce qui luy est deub de reste par le fermier des quartiers d'Octobre 1620 et Janvier 1621 (que Mr de Beaumarchais doibt toucher) et le surplus montant cl m. livres sur les quartiers d'Avril, Juillet et Octobre 1621, sy tant il en fault.

Plus baillé audit S^r marquis d'Obtere une charge de mareschal de France dont il fit le serment à Blaye le samedy cy au matin, nonobstant les plainctes de Mr de Créquy, duquel on accorde de jouir des appoinctemens de mareschal de France, et le mecontentement que M^r de St Luc et autres en pourroient recevoir.

Le roy partant de Blaye y laisse deux compagnies de gardes.

Samedy 19. — Le roy arrive à Bourdeaux ou ayant faict proposer dans le parlement, par Mr de Pontac, premier président (Mr de Vic présent), les grandes despenses qu'il avoit esté obligé de faire pour donner la paiz à la France et l'incommodité en laquelle ses finances estoient maintenant reduictes, désirant à ceste occasion que ses subjectz de la province de Guyenne le secourussent de ii c. m. livres pour employer au payement de Blaye et autres despences importantes à leur repos, soit par le restablissement des nouveaux impots, soit par telle autre imposition qu'ils jugeroient le plus commode à supporter au peuple. — Le parlement resollut de bailler c. m. livres au roy à prendre sur le restablissement du nouveau convoy et deputerent vers Sa Majesté pour ce subject. — Le roy ayant tesmoigné que cette somme estoit trop petite et qu'il desiroit les II c. m. livres, ils se rassemblerent et resolurent de bailler CL m. livres, ce que le roy accepta. Pour cet effect, a esté expédié une déclaration adressante au parlement et aux trésoriers de France pour le restablissement dudit nouveau convoy durant 2 ans; et d'autant que la pluspart du parlement avoit receu grand desplaisir de l'enregistrement que le roy fit faire des édictz, le lundy 28 septembre, tant qu'il fallut délibérer sur ladite déclaration. Le samedi 3 octobre, M^r le premier Président ayant proposé d'augmenter le convoy jusques à II c. m. livres, qui seroit L m. livres davantage et moyennant cela demandé au roy la revocquation du parisiz des greffes et du doublement des présentations, il se fit une telle rumeur que plusieurs opinèrent à revocquer les CL m. livres déjà accordez sur le convoy, et à ne point exécuter les édictz verifiez en la présence du roy. Enfin, ils donnèrent arrest portant que la Cour accordoit au roy CL m. livres à prendre sur le restablissement du nouveau convoy, à raison de tant pour telles et telles marchandises.

Dimanche 20. — Argillemont, gouverneur de Caumont et de Fransac, lequel avoit commis mille sortes de meschancetez et de violences est arresté prisonnier par le Sr Domour, lieutenant des gardes, dans le logis du roy par commandement de Sa Majesté (il y avoit un arrest du parlement), et, nonobstant les instances de M^r le Comte de St Pol et de Mr du Mayne, envoyé le soir fort tard en la conciergerye pour estre jugé au parlement, lequel le condamna, le mardy, à avoir la teste tranchée. — Ce qui fut exécuté. Il mourut le plus courageusement et le plus crestiennement qu'il se pouvoit désirer.

Mecredy 23. — M^r le Mareschal de Themines arriva à Bourdeaux ; le roy luy fit embrasser M^r Du Mayne et lui. Quelques jours aprez il receut nouvelle de la mort de sa femme.

Jeudy 24. — M^r de La Force arrive à Bourdeaux, accompagné du premier président de Pau (M^r le Marquis de la Force estoit arrivé quelques jours auparavant) furent assis dans le conseil, où ils donnèrent très mauvaise satisfaction d'eux, estant venuz les mains vuides, et sans apporter des assurances de l'obéissance de ceux de Bearn. — Le Roy commande à Mr de la Force de s'en retourner pour faire enregistrer l'arrest du Conseil, et se résoult de le suivre de prez, et pour cest effect d'aller à Nerac, où Sa Majesté commanda aux Mareschaulx des logis d'aller, voullant partir le xxviiie, ce qui depuis fut changé. — M^r le Marquis de la Force estant party quelques jours auparavant, Mr de la Force part le dimanche 27e.

Lundy 28. — Le Roy va au parlement.

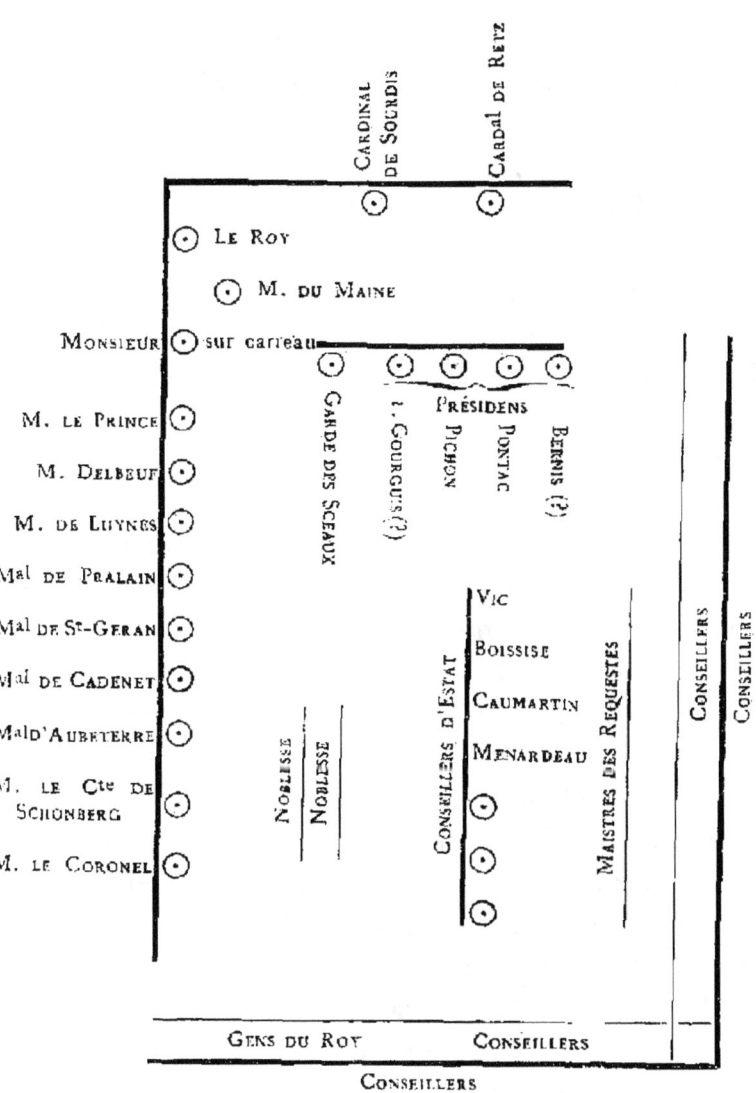

Le roy estant assiz, M^r le Garde des Sceaux monte

parler au roy très bien, puis se remet en sa place. Le Roy parle et dit seullement qu'il avoit commandé à M. le Garde des Sceaux de leur faire entendre ses intentions.

M. le Garde des Sceaux parle.

M. le Premier Président parle.

On lit les edictz de la recepte des domaines, du doublement des présentations, des procureurs, la déclaration du commissaire des tailles de Guyenne, et l'arrest en commandement pour le restablissement du parisiz du greffier.

M. de la Tour, advocat du roy, parle.

M. le Garde des Sceaux va au conseil au roy, puis aux présidens, puis aux cardinaulz (dont M^r le Prince s'offense extrêmement. — M^r tesmoigne aussy le trouver mauvais), puis à M^r et à M^r le Prince qui ne voulut opiner, puis aux Princes et mareschaulz de France, puis aux conseillers d'Estat et maîtres des Requêtes, puis aux secrétaires d'Estat et conseillers du parlement; puis prononce, le roy séant en son lict de justice.

Le roy, au sortir du parlement, va disner au Château Trompette, où le roy fit promettre à Mr du Mayne d'aymer M. de Luynes, et luy fit toucher dans la main.

Mardy 29. — Le roy va à Cadillac, et le lendemain à Praignac, d'où il revient à Bourdeaux le...

Le roy traicte avec Mr de Fontrailles (arrivé à Bourdeaux le 24 ou 25) à CL m. livres, pour le gouvernement de Lectoure, payables XX m. livres comptant, empruntez de M**r** Massier, plus 4,000 livres, et le reste en assignant sur les premiers deniers du nouveau convoy.

M**r** de Montmorency vient trouver le roy à Cadillac.

OCTOBRE

Jeudy 8. — M. de la Chesnaye, que le roy avoit envoyé à Pau poursuivre la vérification de l'arrest retourné vers Sa Majesté, avoit laissé à Lanyon deux conseillers députez du parlement, qui avoient apporté l'arrest de refuz, s'ils eussent apporté larrest de ratiffication, le roy s'en fust retourné à Paris et mesmes de Cazenoue. — Le parlement de Pau avoit récusé M**r** de la Force et le premier Président de..., croyant qu'ilz avoient esté gangnés à la cour par le roy. — Le baron de Benac avec 5 ou 600 paisans armez qui tenoient des discours estranges contre le roy, sollicitoit contre la vérification. — Ce qui fut cause qu'ilz refusèrent la vérification, sur les advis qu'on leur donna que le roy d'Angleterre avoit assiégé Callais, que Spinola avoit pris Péronne, et que le roy retournoit en grande dilligence à Paris, sur les nouvelles qu'il avoit eues qu'il y avoit grande esmotion à Paris, et que la reyne mère et M**r** le Comte de Soissons y estoient pour la favoriser.

Samedy 10. — Le roy part de Praignac, va à Cazenoue à 5 heures, y séjourne le dimanche.

Lundy 12. — Le roy va à Roquehert à six ou sept lieues : à 8 heures du matin, le parlement de Paris, sachant par le retour de leurs députez que le roy venoit, s'assemblent et vériffient l'édict et l'arrest à 5 heures du soir, envoyent le Sr du Pont, advocat du roy, apporter l'arrest au roy, qu'il trouva à 2 lieues par delà Grenade, le mardy 13.

Mardy 13. — Mr de la Force vient au devant du roy à Grenade, fit tout ce qu'il peult pour destourner Sa Majesté de venir en Bearn, 5 lieues.

Mecredy 14. — Le roy va à Arzac, 5 lieues.

Jeudy 15. — Le roy arrive à Pau, — 5 lieues, — estoit accompagné, en entrant, de Mrs du Mayne, d'Elbeuf, St Pol, duc de Fronsac, Montmorency, Retz, la Voulte, Luynes, Cadenet, Schonberg, Créquy, general duc Gall..., Montespan, Thoulouze, Grandmont, Vignolles, Curson, Miossans, Treynel, Courtanvault, Humières, Portes, d'Espernon, Villeroy.

Mrs de la Force père et filz estoient derrière le roy, l'un comme..., et l'autre capitaine des Gardes, le roy luy ayant rendu le baston aussy tost qu'il arriva.

M^{rs} le Cardinal de Retz, Garde des seauz, et de Russelay arrivèrent un peu derrière.

Le roy avoit envoyé devant Mr de la Ville aux clercs, pour faire entendre au parlement ses volontez, et faire convocquer les estatz de la province — ne voulut point faire d'entrée en cérémonie, à cause des disputes des rangs entre les Grands.

Samedy 17. — Le roy va à Navarrins — (disne à Monin, affection extraordinaire des habitans. — 2 Compagnies des Gardes estoient allées devant et entrées. — Mr de Salles, gouverneur, âgé de 80 ans, qui a xxv m. livres de rente), luy présente les clefs qu'il baille à garder. Mr de la Force met corps de gardes aux portes et sentinelles sur les murailles et devant les magasins — envoye à Mr de Salles Mr de Modène luy dire qu'il désiroit de ravoir la place en luy baillant recompense ; à quoy Mr de Salles respondit fort sagement que la place estoit au roy qui la pouvoit reprendre quand il luy plairoit, que s'il luy donnoit récompence, il la recevroit et demeureroit son très humble serviteur ; que s'il ne luy en donnoit point il seroit toujours son très humble serviteur. — Mr de Lau son neveu receu à survivance du gouverneur (lequel estoit venu au devant du roy à Bordeaux et à Arsac ne parla pas sy sagement. — On donne c m. livres comptants à Mr de Salle, sçavoir xx m. livres comptant et le reste en assignation). Il y a dans Navarrins 14 canons de batterye et en couleuvrines et autres piéces de fonte jusques à 80 piéces et une couleuvrine de xxii pieds de long et quantité de munitions. — Le roy donne le gouvernement à Mr de Poyanne excellent en toutte sorte de vertus. — *Le roy revient* le lendemain à Pau et laisse ce jour là Mr de Créquy dans Navarrins pour donner ordre à tout avec 4 compagnies des Gardes.

Lundy 19. — Le roy réunit la Navarre et le Béarn à la France, le parlement de St Palay en Navarre à celluy de Pau, la chambre des comptes de... à celle de Pau, lesquelz il crée parlement et chambre des comptes de France, leur donne quelques petites juridictions.

Le matin la minute de cest édict est envoyée au parlement de Pau pour le voir et aprez avoir esté accommodé par leur adviz en ce lieu envoyé le lendemain scellé.

Le roy tint les estatz de Bearn dans la salle basse du chasteau où le roy, accompagné de M. le Garde des Seaux et parlement de Pau en robbe rouge, lesquelz derrière luy, l'evesque de Lescar accompagné de l'evesque d'Oleron et autres ecclesiastiques dit au roy que les 3 estatz du pays de Bearn avoient donné charge à leur scindicq de luy faire leurs remonstrances ; aprez cela le dit scindicq parla ; M^r le Garde des Seaux respondit, puis Mr de Caseaux premier président du parlement leut le serment que le prince de Bearn a accoustumé de faire, lequel le roy jure d'entretenir ; aprez il leut celuy que les..... et autres font, lequel ilz jurèrent tous d'entretenir, et aprez on s'en alla.

Mardy 20. — Le roy voulant reveiller l'exercice de la religion catholique, — on bénit l'église de Pau, où ceux de la Religion faisoient leur temple. — Le roi accompagné des Evesques d'Oleron, archevesque de Sens suiviz de toutte la cour y va ouir le service, puis va en procession quérir le St Sacrement aux Capucins et revient à l'Eglise en procession, avec un cierge allumé à la main et toute la cour de mesme, ouit la grande messe celebrée par M^r l'Evesque de Lescar. —

Aprez disné, le Rev. Arnoux prescha dans ladite Eglise.

Mecredy 21. — Le roy part de Pau, va coucher à Arzac. — S'il eust séjourné encore un jour ou deux on eust ramené à Navarrins les deux canons qui sont à Pau, lesquelz Mr de la Force en a cy devant tirez, et on eust pu s'asseurer de touttes les places du pays comme Orthez Sauveterre et autres, mais la precipitation de partir laissa touttes choses imparfaictes. Le roy laissa M. Aubry, Maitre des requestes pour donner ordre à plusieurs choses et particulièrement pour faire ramener les 2 canons, ce qu'il ne put jamais obtenir de Mr de la Force.

Le roy laissa... hommes en garnison en Bearn et sa compagnie de chevaulx légers de Mr de Verneuil commandés par Mr de la Boulaye, distribuez asscavoir M^r le Comte de Monrevelle ayant eu commandement de se sortir du chateau de... et une lettre de cachet pour...

Mr Zamet ayant eu pareil commandement pour...

Jeudy 22. — Mr de la Chesnaye vient trouver le roy à Arzac et rapporte que ceux de la Rochelle (qui ne scavoient encore la nouvelle de Navarrins) veullent continuer leur assemblée. — Le roy résoult de les déclarer criminelz de lèze Majesté et la déclaration en est expédiée ; mais elle ne peust estre veriffiée qu'après la St Martin, d'autant qu'elle n'arriva à Paris qu'aprez la St Simon St Jude 28e jour d'Octobre, auquel temps il n'y a ny parlement ni chambre des vacations.

Vendredy 23. — Le roy va coucher à Rocqueber. — Le sam. 24 à Bazau. — Le dimanche 25 à Bourdeaux. — Le lundi 26 à Blaye.

Mardy 27. — A 8 h. du matin ma femme acouche d'une fille baptizée en l'église St Germain le mardy après disnée 3 Novembre et tenue par Madame la Marquise de Montlors (qui la nomma de son nom Marie) et par Mr de Benjamin.

NOVEMBRE

Dimanche 1er. — Le roy part de Xaintes, va coucher à...

Samedy 7. — Le roy arrive en poste à Paris au bout de 4 mois qu'il en estoit party. — Trouve la reyne mère qui y estoit arrivée le...

Dimanche 8. — Le roy part dès 6 heures du matin pour aller à St Germain où il demeure jusque...

Jeudy 26. — Mr de Comballet nepveu de M. de Luynes accordé avec Mad^{lle} du Pont de Courlay, niepce de Mr de Lusson. — Marié le 28.

Vendredy 27. — M^r le marquis d'Espinay accordé avec Mademoiselle d'Haluin, marié le...

DÉCEMBRE

Jeudy 3. — La reyne mère donne la charge de son chevallier d'honneur à Mr de Montbazon au lieu de Mr de Liancourt, mort dez le mois d'Octobre auparavant.

Samedy 5. — Le feu se met aux Thuilleries par les escuries de M. de Luynes.

Lundy 14. — Le roy part pour aller en Picardye, revient le mardi 12 janvier 1621.

Mardy 15. — M^rs du parlement assemblent les chambres sur le subject de la paulette ordonnée.

Jeudy 17. — Mr de Russelay arrive de la cour sur le subject de ceste affaire, avec lettres du roy.

Vendredy 18. — M^rs les Présidens et gens du roy mandez ches M^r le Chancellier ; on leur baille les lettres du roy portans deffence de s'assembler, et au cas qu'il se fist une assemblée où violence, de quicter leurs places. — Deffence aussy de signer l'arrest ny de le publier.

Samedy 19. — M^rs des Anquestes viennent en la Grande chambre presser M^r le premier président de leur rendre l'arrest ; ce qu'il refuse, disant qu'ilz avoient lettres du roy au contraire. Ils respondirent qu'ilz s'assembleroient donc le mecredy.

Jeudy 31. — M. le Maréchal de Cadenet part de

Callais pour aller en Angleterre extremement accompagné et y avoit entr'autres Mr le Comte d'Alez — Mr le Comte de Soissons — Mr de Courtenvault. — Mr de Valence — Mr de Rochefort — Mr de Lozière.

Le subject de son voyage estoit en effet pour divertir le roy d'Angleterre d'assister les Huguenotz de France.

Revient à Paris le mardy 12e febvrier.

FIN

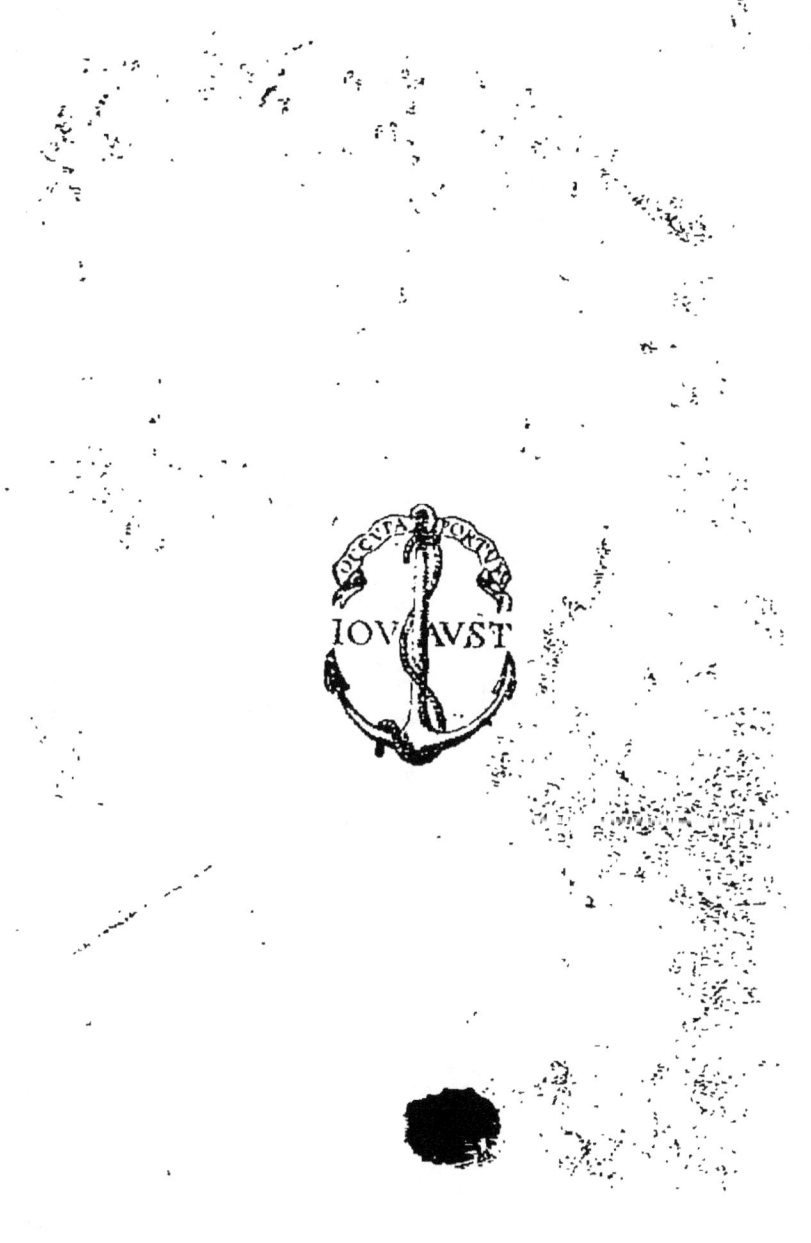

JOURNAL INÉDIT

DE

ARNAULD D'ANDILLY

(1621)

JOURNAL INÉDIT

DE

ARNAULD D'ANDILLY

JOURNAL INÉDIT
DE
ARNAULD D'ANDILLY

1621

PUBLIÉ D'APRÈS LE MANUSCRIT AUTOGRAPHE
DE LA BIBLIOTHÈQUE DE L'ARSENAL

PAR

EUGÈNE HALPHEN

PARIS

IMPRIMERIE D. JOUAUST

Rue de Lille, 7

M DCCC XCI

A BERTHA EUGÈNE HALPHEN

7 Décembre 1891

Le Journal d'Arnauld, écrit jour par jour, au moment même des événements qui se passaient sous ses yeux, constate des faits que les historiens ne nous ont pas transmis. C'est un recueil de notes prises pour fixer ses souvenirs, et son témoignage est précieux, car il était, par sa position, bien renseigné.

Arnauld, dans la rapidité de la rédaction, a laissé en blanc plusieurs noms. Il eût été possible, à l'aide des documents du temps, de combler ces lacunes. J'ai reproduit le manuscrit tel qu'il est, ne me permettant pas de suppléer, même avec certitude, aux omissions de l'auteur. Je désire que le lecteur soit convaincu qu'il n'y a rien de moi dans cette publication; je n'aspire qu'à l'honneur d'être un fidèle copiste, et de livrer aux curieux des détails de l'histoire le texte exact du Journal d'Arnauld.

JOURNAL INÉDIT

DE

ARNAULD D'ANDILLY

1621

JANVIER

Vendredy 1er. — Le roy faict sa feste à Boulongnes.

Mardy 12. — Le roy de retour de Picardye.

Vendredy 15. — Mrs du Parlement vont au Louvre en nombre de 20 présidents ou conseillers. M. le Chancellier, au nom du roy, leur faict une réprimande et deffence de se mesler à l'advenir d'affaires d'Estat.

Le roy ordonne au greffier de luy apporter la feuille de l'arrest du parlement, ce qui fut faict le soir à une heure mesme, le roy fist dresser un arrest du conseil pour casser celluy du parlement.

Samedy 16. — Le roy envoye querir Mrs du Parlement, leur baille son arrest et leur commande de l'enregistrer. M. le Chancellier dit que, comme pour un édict de pacification, il le falloit enregistrer sans assembler les chambres.

Lundy 18. — Mrs du Parlement, ayant conféré entr'eux, dirent tous que jamais on n'avoit enregistré pareils arrestz sans assembler les chambres.

Mercredy 20. — Mrs du Parlement viennent au Louvre faire de grandes excuses au roy de tout ce qui s'estoit passé et le supplier très humblement de trouver bon que l'arrest du conseil ne fût point enregistré, affin de ne laisser point ceste marque à la postérité qu'ilz eussent encouru son indignation. — Le roy respondit qu'il voulloit oublier tout le passé, etc.

Jeudy 28. — Mort du pape Paul V^e. Il avoit un peu auparavant faict une promotion en laquelle M. de Thoulouze et M. de Bentivoglio, nunce en France, furent faicts cardinaulx.

Le roy fut fort mal content de ce que le pape n'avoit point faict M. de Lusson cardinal, car Sa Majesté avoit le droict d'en demander deux, et, néantmoins, le pape n'en avoit accordé qu'un, car, quant à M^r le nunce, il estoit faict par Sa Saincteté, et non par le roy.

En ceste dernière promotion, le pape fit l'abbé Pignatelly cardinal, homme diffamé pour sa mauvaise vye et pour servir honteusement aux passions du cardinal Borghezi.

FEBVRIER

Lundy 1ᵉʳ. — Création du pape Grégoire XVᵉ, auparavant cardinal Ludovisio. Les cardinaulx s'estoient assemblez auparavant que s'enfermer dans le conclave pour voir sy, suivant la bulle, ils pourroient convenir d'un pape; auquel cas il falloit qu'il y eust les deuz tiers d'un mesme adviz et un davantage. Mʳ le marquis de Cœuvres, voyant que la faction du cardinal Burghezy (tout Espagnol) joinct au cardinal de Medicis et autres estoit sy grande qu'il alloit faire pape le cardinal Campora (d'Italye), né Milanois, subject du roy d'Espagne, et qui, de conseiller de la maison du cardinal Burghezi estoit parvenu au cardinalat, entra dans le conclave, où il demeura depuis 2 heures aprez midy jusques à 4 heures du matin, et ayant, avec les cardinaulx de Bonzy, Berlacqua et Delphin, rallié 7 ou..... cardinaulx affectionnez à la France, et les mescontens de Burghezy jusques au nombre de XXII en tout, il fit donner l'exclusion à Campora qui avoit tout le reste des voix de LI ou LII cardinaulx.

Après cela, Mʳˢ les cardinaulx s'estant enfermez dans le conclave, M. le cardinal de Bonzy proposa de faire pape M. le cardinal Ludovisio; ce qui ayant esté suivy de tous ceux qui avoient exclu Campora, et mesme le cardinal Burghezi y ayant consenti, de crainte de pis, à cause que le cardinal Ludovisio avoit reçu le chappeau de Paul V^e en la pénultième promotion..... passa quasy tout d'une voix, et les cardinaulx ne couchèrent qu'une seule nuict dans le conclave, ce qui ne s'estoit vu il y a longtemps.

Lundy 8. — Mr de Luxembourg receu au parlement duc et pair de France et prend le rang de l'érection du duché de Luxembourg. M^r le Prince, Mr de Guise, Mr de Montbazon et Mr de Luynes y estoient, et Mr de Luxembourg prit sa place au dessus de Mr de Luynes et (comme je croy) de M. de Montbazon.

Mardy 9. — Mme la comtesse de Soissons revient à la cour, M. de Modène avoit esté au devant d'elle.

Mercredy 10. — M. de Bassompierre part pour aller ambassadeur extraordinaire en Espagne sur le subjet de l'affaire de la Valteline. — On luy baille x m. livres pour son voyage.

Jeudy 11. — Mr Delbène sépare M^r le Coronel et M. le comte du Lude auprès du logis de M. le Grand.

Lundy 15. — Le roy va à Saint-Germain.

Mr de Luynes, accompagné de M. de Montbazon, va au parlement leur dire qu'ayant apris par quelques uns de M^{rs} les Présidens ses amiz particulliers les grandes raisons qu'ilz avoient de demander la paulette aux mesmes conditions qu'ilz l'avoient auparavant, il en avoit supplié le roy, lequel la leur avoit accordée. Mr de Luynes ne desiroit pas que M^r le Prince fust aussi au Parlement affin qu'il ne partageast point avec luy le gré qu'il vouloit que l'on luy en sceut.

Jeudy 18. — M^r le Procureur Général ayant mis sur la requeste présentée par M^r le duc d'Alwuin pour estre receu duc et Pair de France, information préalablement faicte des bonne vye, mœurs, religion Catholique, apostolique et Romaine et..... au faict des armes (je ne sçay sy ce sont les mesmes motz), M^r le Président de Hacqueville réunit la chambre de l'Edict, et lors M^r le 1er Président assemble les 3 chambres. — Mr Pelletier rapporte les lettre et requeste. — M. Charton rapporte requeste d'opposition de Mr de Candalles. — La Cour ordonne : Sera communiqué à la partye et au Procureur Général (ce qui valloit mieulx que les partyes), et ayant esté ordonné que la requeste seroit mise entre les mains de M^r le Procureur Général, elle luy fut apportée par le greffier. — Sur cela assignation donnée aux partyes pour estre ouyes au parquet le lendemain à 10 heures du matin ; où ayant comparu par advocatz, Messrs les gens du roy donnent telle conclusive par escript, à ce que nonobstant l'opposition il fust passé outre. — Mr de Candalles donne le lendemain sa requeste de désistement, et luy fust samedi ordonné que M^r d'Alwuin seroit receu.

Dimanche 21. — M^r le Cardinal Bentivoglio part de Paris pour aller à Rome. — Mon frère de Trye s'en va avec luy.

Lundy 22. — M^r D'alwuin receu duc et pair au Parlement ; M^r le Prince l'y mène.

Mr du Mesnil Morant achepte la charge de Tresorier de l'ordre de Mr de Pizieux (lequel ne laisse pas d'en porter la marque).

En ce jour. — Mr de Mesmes est receu Président au Parlement en l'office de M^r l'Escalopier et Mr de Bailleul Valleton lieutenant civil. — Mr Lescalopier eut 40000 livres de sa procuration, Mr de Mesmes xx^m livres, l'office de Président et c m, et ainsy l'office de lieutenant civil cousta ..... à Mr de Bailleul.

Mercredy 24. — Le roy va à St Germain.

MARS

Lundy 1er.

Mercredy 3. — Ayant esté proposé au conseil..... en présence du roy de bailler IIe m livres par comptans à Mad^e la princesse de Conty pour payer ses debtes et en considération de l'abbaye de St Germain qu'elle quictoit, M^r le garde des sceaux s'y opposa vivement et dit entr'autres choses qu'en l'estat où estoient les finances, il n'y avoit nulle apparence de faire de telz dons; que, sy le roy vouloit considerer ses affaires, il congnoistroit que c'estoit chose impossible que de soustenir les affaires en usant ainsy; que Dieu avoit faict au roy de trés grandes graces, mais qu'il estoit à craindre qu'il ne lui retirast s'il en estoit mécongnoissant, etc. (je ne sçay sy ce sont les mesmes parolles). Mr de Luynes, qui avoit opiné auparavant pour Mad[e] la Princesse de Conty, s'offencea fort de cela et replicqua. Et le roy après le trouva fort mauvais. Environ ce temps affaire de Privas. — Le Sr de Reaux renvoyé.

Samedy 6. — Le roy va à St Germain.

Environ ce temps Mr de Poyanne ayant sceu que Bensins fortifioit un vieil fort (entre Navarreins et Dacqs) dont le village s'appele Berincx, et le chateau Mongiscar avec 3 ou 400 hommes qu'il faisoit venir par ..... et environ c soldatz, il envoya La Tolade vers Mr de la Force pour le prier d'y donner ordre. Ce que n'ayant pas faict comme il falloit, mais seulement envoyé un gentilhomme à Bensins, lequel, ayant parlé à luy, le laissa plus résollu de se deffendre qu'il n'estoit auparavant, Mr de Poyanne, ayant renvoyé une seconde fois à Mr de la Force et voyant qu'il n'en falloit rien attendre, prend cent hommes de Navarreins et 400 hommes des garnisons d'Orthez, Sauveterre et ..... qui estoit en tout 500 hommes, et (ayant faict armer 500 hommes en la prévosté Dacqs sa compagnie de gendarmes, et de ses amis) il le va attaquer par 3 ou 4 hommes aux approches, au bout de 2 jours, gangne le premier fossé, et, comme il voulloit attaquer le 2ᵉ, sachant que Mʳ de la Force avoit assemblé mil hommes, de Bensins se voulant rendre à composition, il la luy donna et raza entiérement la place au lieu que Mʳ de la Force vouloit que l'on la remist entre les mains d'un des siens.

Mardy 9. — M. le Mareschal de Cadenet ayant faict ériger en duché et pairrie la terre de Chaulnes que Madᵉ la Vidame d'Amyens luy a donnée à luy et aux siens..... duc et pair au Parlement, Mʳ de Luynes, estant revenu de Lesigny pour ly accompagner, partit de Paris sans voir la reyne mère et revint un jour ou deux aprez la voir accompagné de 12 carabins de D'Esplan et estant party à 9 h. du soir à Sᵗ Germain...

Mardy 16. — Le roy et la reyne viennent de Sᵗ Germain à Paris voir la reyne mère et retournent le soir mesme.

Lundy 22. — Mʳ de Lesdiguières arrive à Paris (Déageant arrive avec luy) avec dessain de faire la paix avec les Huguenotz et de tourner les armes du roy vers la Valteline, pour ce que dans la guerre son âge luy donne de grands desavantages, au lieu qu'il a touttes sortes d'avantages dans la paix; pour ce que dans la guerre il y a cinq ou six hommes de service en Daulphiné, dont quelques uns ses parens qui prendroient grande créance et grande authorité, au lieu que dans la paix ils luy sont entièrement soubmis ; pour ce que dans la guerre, estant obligé de se déclarer pour le roy ou pour les Huguenots, il prend créance envers l'un ou l'autre, au lieu que dans la paix il est en trés grande .... envers tous les deux. — Estant arrivé, il parla fort fermement pour le service du roy aux deputez de la relligion. — Mr le Prince ne fut nullement content de sa venue et en mesdit, disant que c'estoit le Messie qui venait avec son.....

Mardy 23. — Mort du Grand Prévost de France. Sa charge donnée à Mr de Modene, celle de gouverneur de Meulan à d'Esplan et celle de capitaine des chasses de..... au Sr de Thoiras.

Mercredy 24. — Mme la Mareschalle de Cadenet accouche d'un filz. La reyne mère va visiter le roy et la reyne à St Germain et revient coucher à Paris, et la reyne avec elle.

Mr de Montholon part pour aller en Suisse et aux Grisons sur le subject de l'affaire de la Valteline. On luy baille II m. livres par mois, dont on luy advance trois mois, et point d'appointements.

Mr de Nevers et Mr le cardinal de Guise ayant un grand procez ensemble au grand conseil pour le prieuré de la Charité et allant solliciter accompagnez, le roy leur envoya Mr de Préau leur deffendre d'aller accompagnez, et Mr de Russelay vint de la part du roy de St Germain le mardy au soir pour leur dire que le roy voulloit accommoder ceste affaire.

Le mardy matin, sur les 7 heures et demye, Mr de Nevers estant chez Mr Guinet, rapporteur, avec Mr Marescot et M^r de Ste Marthe et cinq gentilzhommes, dont l'un nomme Beauvais. . . . . . . M^{rs} le Prince de Jinville et Cardinal de Guise viennent avec deux carrosses plains de gentilzhommes et force lacquais. M^r le Cardinal osta sa soutane à la porte et prit un court manteau et une espée. Ilz entrèrent ainsy tous deux dans la salle suiviz de plusieurs gentilzhommes, et M^r le cardinal, voulant parler à M. de Nevers, fut sy troublé et sy en cholère que, sans sçavoir ce qu'il disoit, il frappa Mr de Never, et aprez le porta par terre et luy donna plusieurs coups, et mesme des coups de pied. Sur ce bruit, l'escuyer de Mr de Nevers luy voulut oster son espée, et, les 4 autres gentilzhommes de Mr de Nevers voulant venir le trouver, ilz trouvèrent quinze ou 20 espées nues, et M^r le Prince de Jinville porta l'espée à la gorge de l'escuyer de Mr de Nevers, et tous les gentilzhommes qui estoient avec M. le prince de Jinville et le Cardinal de Guise se jettèrent sur eux. Mr de Nevers sortit sans manteau, lequel on luy rapporta. On dit mesme qu'il estoit dans le carrosse de M^r le Prince de Jinville pensant estre dans le sien. Mr Guynet ayant faict son rapport au grand

Conseil, mais avec crainte, le Grand Conseil députa vers le roy le président Hannequin et 5 ou 6 conseillers qui allèrent à Saint Germain. Le roy leur fit ou fit faire responce qu'il se reservoit la congnoissance de ceste affaire, en ayant été offencé, et leur deffendoit d'en faire aucune poursuicte. Le roy deffend en mesme temps à Mr le Prince de s'en mesler, et deffend à tous ceux de la cour de s'offrir; mais personne n'obéit à ce commandement. Mr de Nevers alla à l'instant chez luy, dont il sortit avec quantité de noblesse, et se trouva à une lieue ou deux — avec 150 ou 200 gentilzhommes lesquels il renvoya tous — et envoya à l'heure mesme advertir M. du Mayne à Saint Maur de ce qui s'estoit passé, lequel, ayant pris médecine, ne laissa pas de monter aussy tost à cheval et alla trouver Mr de Nevers, auquel Mr le marquis de Nesle (cy devant offencé par Mr de Guise) et Mr le duc de Rohannois s'estoient les premiers offertz pour le service. — Estant eux 4, ilz renvoyèrent tout le monde affin de faire sçavoir de leurs nouvelles à Mr de Guise. — D'autre costé, Mr le Prince de Jinville et le Cardinal de Guise avec Mr de la Vallette se mirent aussy à la campagne et allèrent à Chailly; Mr d'Elbeuf s'en alla le trouver. Comme Mr le Maréchal de Lesdiguières arrivoit ce matin là à St Germain pour saluer le roy, ceste nouvelle arriva. Mr de Guise demeura encore au conseil et dans St Germain quelques heures aprez, et puis vint à Paris. On dict qu'il attendit à moityé chemin 3o maîtres de sa compagnie de chevaulx légiers qu'il avoit faict venir quelques jours auparavant.

Mr le Cardinal de Guise retenoit, il y avoit plus de quinze jours, Mr de La Vallette pour appeler Mr de ..... mais M. le Prince de Jinville ne voullut point en venir là et conseilla à son frère de faire ce qu'il fit.

M. le prince de Jinville entra le premier et salua Mr de Nevers, et, aprez que le Cardinal de Guise eut frappé Mr de Nevers, il luy porta l'espée à la gorge.

Vendredy 26. — Le roy revient de St Germain à Paris. Le marquis de la Vieville ayant esté envoyé de la part du roy pour arrester Mr de Nevers et Mr du Mayne (grande faulte, car Mr de Nevers le hayt extrêmement), il rencontra Mr du Maine avec un escuyer seullement, auquel ayant dit qu'il avoit commandement du roy pour l'arrester et Mr de Nevers aussy, il luy respondit qu'il ne croyoit point qu'il eust ce commandement du roy, vu qu'il n'avoit point de querelle, et qu'il ne luy conseilloit nullement d'aller voir son frère, pour ce qu'il le recevroit non comme capitaine des gardes, mais comme son ennemy particulier; sur quoy le M{is} de la Vieville repartant qu'il étoit homme de bien, Mr du Mayne luy dit que, s'il l'importunoit davantage, il luy donneroit de son espée dans le ventre, et qu'il se retirast.

Aprez cela, Mr de la Vieville le supplia qu'au moins il trouvast bon que pour s'acquicter de son debvoir il lui laissast deux de ses gardes; et en suitte, luy en ayant laissé deux, Mr du Mayne leur dit que, s'ilz ne se retiroient, il les chargeroit; sur cela ilz le supplièrent de prendre le galot, et qu'eux ne pouvant le suivre à cause qu'ils n'auroient que de meschans chevaux, ils en seroient deschargez; ce qu'il fit, et ainsy ilz le laissèrent aller.

Mr de Longueville arrive en poste de Normandie pour assister M. de Nevers, et le soir emprunte des chevaulx, sort de l'hostel de Longueville, et alla trouver Mr de Nevers et Mr du Mayne.

Mr de Retz, ayant sceu la querelle, prit aussy tost la poste pour se venir offrir à Mr de Nevers; mais, ayant appris à Orléans qu'il s'estoit retiré avec Mr du Mayne en Champaigne, il s'en retourna et envoya Mrs de M..... et Mr de Mezenguy à Mr de Nevers.

M^r le Prince et Mr de Guise se mettent en campagne avec chacun son vallet de chambre et vont trouver le Prince de Jinville et le Cardinal de Guise.

On dit que M^r le Prince vouloit obliger par là M^r le Comte à se déclarer pour Mr de Nevers.

Samedy 27. — Le marquis de Nesle qui estoit venu parler à Hotigny (gentilhomme du P^ce de Jinville) affin de faire l'appel, et mesme luy avoit dit quelques parolles, est arresté à 5 heures du matin à la porte St Anthoine par des soldatz des Gardes.

Mr du Hallier, ayant receu commandement du roy d'arrester ces Messieurs, fut à Fontenay, où il trouva Mr le Prince, Mr de Guise, Mr d'Elbeuf, Mr le Card{al}, Mr le Prince de Jinville et Mr de la Valette, lesquels il arresta, et tua le cheval de Mr la Valette qui se vouloit sauver. Quand ilz arrivèrent à Paris, ilz avoient plus de 150 ou 200 chevaulx et trouvèrent le marquis de Villars avec environ 40 chevaulx qui croisoit leur chemin et faisoit fort bonne mine. Il y en eut qui le vouloient charger. Enfin Mr du Hallier luy alla faire commandement de la part du roy de laisser passer Mr le Prince. Quand ilz furent arrivez à Paris, ilz allèrent tous à l'hostel de Guise, et puis on mena Mr le Prince de Jinville et Mr le Card{al} de Guise chez eux, où on leur donna des Gardes. Mr de Nevers et Mr du Mayne, sachant qu'ilz estoient arrestez, se retirèrent en Champagne, où le roy envoya vers eux le Marquis de Ragny qui revint de là...... le lundy 5 avril.

Lundy 29. — A deux heures aprez minuict, Mr de la Vieville et des chevaulx legiers de la compagnie du roy, menèrent Mr le Card{al} de Guise à la Bastille.

Mercredy 31. — Mr le Cardinal de Guise mené de la Bastille au fort de Vincennes par 40 gendarmes et 40 chevaulx legiers, — on lui ordonne xxv livres par jour de despence, et qu'il seroit servy par des officie-

du commun du roy, au lieu que M^r le Prince l'avoit esté par des officiers de la bouche.

Le roy déclara le soir qu'il faisoit Mr de Luynes connestable, et chacun commencea dès lors à le saluer en ceste qualité. Charge de Maréchal Général de camp à Mr de Lesdiguières.

Environ ce jour M^r de (Chevry) achepte xlv^m livres de Mr de Sceaux, la charge de secrétaire de l'ordre, qui ne vault que m. livres par an.

Mort du roy d'Espagne.

Mad^e la Connestable voulut que les officiers de la reyne fissent le....... de la despence du deuil que le roy donna à la reyne, ce qui ne s'estoit jamais faict.

AVRIL

Jeudi 1er. —

Vendredy 2. — Mr de Luynes faict le serment de Connestable dans la gallerye du Louvre. — Mr de Luynes estant à genoux sur un oreiller devant le roy, le roy luy prit les deux mains dans les siennes, et, aprez que M^r le Chancellier eut leu le serment et que Mr de Luynes eut promis de l'observer, Mr de Blanville, m^e de la garderobbe, présenta au roy une espée (garnie de diamans). Le roy la tira du fourreau et la mit en la main de Mr de Luynes en luy disant quelques parolles. Aprez Mr de Luynes baisa la main du roy et puis se leva; le roy commanda ensuitte à Monsieur de luy mettre son espée au costé, — ce qu'il voulut faire; mais, comme il y mettoit la main, Mr de Luynes ne le laissa pas achever.

Samedy 3. — Le roy va au parlement. — M^r le Chancelier représenta la nécessité des affaires, la désobéissance de ceux de la Religion Protestante, car ilz fortifioient les places, levoient des gens de guerre, arrestoient des deniers; le roy s'en alloit faire un voyage affin d'y apporter l'ordre nécessaire et conclut par la vériffication de l'édict portant aliénation de iiii^c m. livres de rente sur les Gabelles. — Aprez M^r le Premier Président parla avec grand respect au roy. — Mr Servin, parmy plusieurs louanges qu'il adressa aussy au roy, usa du mot de contraincte, pour ce qui estoit de la veriffication de l'edict de paix, dit que les gens du roy vouloient estre les premiers à tesmoigner toutte sorte d'obéissance. — Tellement que, ne concluant point à la réquisition, mais seullement à donner leur........ L'on m'a dit que l'on avoit mis sur le reply des Pièces vu (et non requerant), consentant le Procureur Général du roy. — Il y avoit à ceste seance le roy, Monsieur, M^r le Prince, Mr de Guise, M^r...... Mr de Chaulnes. M^r le Chancelier, aprez avoir pris l'advis de M^r et de M^r le Prince, l'alla prendre de M^r le Cardinal de Retz et autres d'Église; ce qui faschea extrêmement Mr de Guise, lequel fit difficulté de se lever pour opiner, lorsque M^r le Chancelier revint à luy, lequel l'adoucissoit, à ce que l'on pouvoit juger.

Lundy 5. — M^r le Prince va à la Chambre des Comptes faire vériffier l'édict de l'aliénation de iiiie m. livres de rente sur les gabelles, — l'édict de création de sergens collecteurs des tailles, — la déclaration des payeurs triennaulx des rentes sur l'hostel de ville. — Va aussy à la Cour des Aydes.

L'advocat du roy de la Chambre nommé...... déclama contre la dissipation des finances et les voyes extraordinaires que l'on tenoit pour la vériffication des édictz.

M^r le Président Nicolaï parla plus modérément, mais néantmoins entama ce subject. On représenta à M^r le Prince que, la dernière fois qu'il estoit venu à la chambre, il avoit promis qu'il n'y reviendroit plus pour pareil subject. Il respondit qu'il estoit vray, et qu'aussy ne pensoit il pas y revenir, mais que le roy le luy avoit commandé et qu'obéissance valloit mieux que sacrifice.

Le roy va de Paris à Lesigny, et de là à Fontainebleau, où la reyne mère se rend le mardy 20.

Dimanche 18. — Les Huguenotz de Tours portant un homme en terre qui avoit esté un yvrongne, et duquel on avoit dès son vivant faict une chanson, quelques enfans se mirent à chanter ceste chanson ; sur quoy un de ceux qui assistoient à l'enterrement bailla un soufflet à un de ces garsons. En suitte quantité de populace s'assembla et poursuivirent ceux de la Relligion Protestante à coups de pierre jusques dans le Cimetière et en blessèrent quelques'uns à sang. Le Lieutenant Criminel et le maire, en estant advertiz, y envoyèrent des sergens, et le Lieutenant Criminel, y estant venu luy mesme, fit retirer le peuple, et mit avec les autres officiers de la ville un corps de garde à l'entrée du Cimetière, qui y demeura toutte la nuict. Le peuple avoit pillé et abbatu la maison du concierge du cimetière, et ne firent mal........ catholique.

Lundy 19. — Le corps de garde s'estant levé sur les cinq heures du matin, le peuple revint dans le cimetière et voulut déterrer le mort ; ce qui fut empesché encore par la justice.

Aprez cela le peuple s'amassa encore jusques au nombre de 800 ou mil personnes, et allèrent mettre le feu dans le temple, d'où les magistratz eurent très grande peyne à l'en tirer ; et ainsy le temple fut entièrement bruslé.

M^r de..... député de ceux de la Religion Protestante, part pour aller à La Rochelle, et un gentilhomme de Mr de Lesdiguières avec luy.

Mardy 20. — Le peuple retourna encore pour abbatre les murailles du temple, d'où les magistratz le firent encore retirer. Le roy, ayant sceu la nouvelle, envoya en poste M^r le Ledoux, maître des requestes, avec un exempt du Grand Prévost et des archers pour avec le Présidial faire le procez aux principaulx des coupables.

Le roy tient un grand Conseil où estoient tous les mareschaulx de France, et là il fut résolu que, sy les Huguenotz n'obéissoient, on leur feroit la guerre.

Mr de la Force ayant respondu à la Saladye que le roy luy avoit envoyé pour luy faire commander de désarmer, qu'il en donneroit advis aux Églises, et que, sy elles le trouvoient bon, il feroit ce que le roy désiroit de luy, le roy donna sa charge à M^r le mareschal de Themines — et la charge de capitaine des Gardes de M^r le Marquis de la Force à M^r le Marquis de Maulny, qui presta le serment le lendemain. Le roy quelques jours auparavant avoit envoyé commandement à M^r d'Espernon d'aller en Bearn avec les troupes de Sa Majesté, pour faire obéir Mr de la Force. — Le roy commanda à Mr de Montpouillan, fils de Mr de la Force, de se retirer.

M^r le Prince s'en va en Béarn. Accord de M^r le Coronel et de M^r le comte du Lude.

Lundy 26. — Mad^e la Comtesse de Soissons, en présence de M^r le Connestable, s'aboucha dans sa chambre avec le roy, qui luy fit force caresses.

Les conditions du raccommodement sont que, sy dans six mois le roy ne luy donne contentement pour ce qui est de la recherche de Madame sa sœur, il le luy donnera d'ailleurs (c'est-à-dire Mad^{lle} de Montpensier), que le roy augmentera jusques à CL m. livres la pention de c^m livres de mond. S^r le Comte, jusques à L m. livres celle de xxx m. livres de Mad^e la Comtesse, celle de M^r le Grand Prieur autant que des autres Princes. — Un estat de maistre d'hostel au S^r.

Env. ce jour, Mr de Marrolles vient pour supplier le roy de la part de Mr de Nevers de luy accorder le combat contre M^r le Princ dee Jinville (lequel, à l'entendre, quelques jours auparavant avoit appellé soubz prétexte de luy parler d'une..... et receu pour response qu'il ne pouvoit recevoir de parolles, pour ce que Mr de Vaudemon et Mr de Guise avoient donné leur parolle au roy, mais qu'il esperoit d'aller bien tost en son gouvernement, etc.). Le roy respondit qu'il ne le vouloit point, et que, l'affaire estant de sy grande importance, il en vouloit communiquer à son conseil, mais qu'il asseuroit Mr de Nevers qu'il luy donneroit touttes sortes de contentemens. On dit que M^r le Princc de Jinville ayant sceu cela supplia le roy d'accorder à Mr de Nevers ce qu'il desiroit pour le combat. — Mr de Marolles présenta au roy une lettre de Mr de Nevers pour demander ledit combat.

Dudit jour 26. — Mrs de Guise, de Montbazon et de Chaulnes vont au Parlement, où le pouvoir de M^r le Connestable, présenté par Mr de la Martilière, fut vérifié.

Mr de Chaulnes va au bois de Vincennes sortir M^r le cardinal de Guise de prison, l'amène coucher chez luy, et le lendemain Mr de Guise, Mr de Montbazon et luy, l'emmènent en carrosse à Fontainebleau où le P. de Jinville estoit arrivé quelques jours auparavant.

Mardy 27. — Déclaration du roy vérifiée au Parlement par laquelle Sa Majesté prend en sa protection tous ceux de la Religion prétendue Réformée qui demeureront en leur debvoir, et leur confirme tout ce qui leur a esté accordé par les édictz de pacification, déclaration, etc.

Mercredy 28. — Le roy part de Fontainebleau, va coucher à Malesherbes, le vendredy à Chileuvre, le samedy à Orléans, où la reyne se trouve le mesme jour.

La Cour des Aydes de Paris ayant refusé de vérifier l'édict d'aliénation de IIII^c m. livres de rentes sur les gabelles desjà vérifié au Parlement et à la Chambre des Comptes, le roy renvoye Monsieur à Paris pour ce subject.

Monsieur va à la Chambre des Comptes faire vérifier.

M^r le Coronel et Mr de Châteauneuf y furent avec luy, et M^r le Coronel, comme l'assistant en qualité de Gouverneur, précéda Mr de Châteauneuf.

M^r dit ces paroles de très bonne grace et avec fort bonne assurance : « Messieurs, je viens vers vous par le commandement du roy pour les raisons que vous entendrez par ses lettres et par ce qui vous sera plus particulièrement représenté par Messieurs de son conseil qui sont venuz avec moy. Je m'asseure que vous tesmoignerez en ceste occasion l'affection et la fidélité que vous debvez à son service, comme vous avez accoustumé. » Aprez il se tourna vers Mr de Chasteauneuf et luy dit : « Mr de Chastauneuf, parlez », et lors Mr de Chasteauneuf parla.

Aprez, M^r alla à la Cour des aydes, où il dit la mesme chose, et il fit vérifier l'édict des greffiers des affirmations des iiiie m. livres sur les Gabelles, la déclaration des vi deniers des greffiers des.....

MAY

Lundy 3. — Le roy va d'Orléans à Blois, où M. le Maréchal de Lesdiguières le vient trouver de Paris le 5e.

Mardy 4. — M. Le Doux, avec le Présidial, opinant sur le procez de 4 desdits prisonniers (que l'on avoit amenez audit pallais pour les interroger sur la sellette des prisons, en présence de... où ils estoient assez loing de là), le peuple vint au commencement au nombre de c hommes dans la cour du pallais, et puis 500, et enfin en fut jusques à 5 ou 6000 hommes avec espées, crochets, tenailles, etc.; rompirent touttes les portes et les fenestres du palais pour avoir les 4 prisonniers, lesquelz ilz délivrèrent, et aprez continuèrent la mesme violence pour avoir le

— 26 —

procez (qui fut sauvé par un clerc du greffe), et tous les juges se sauvèrent, les uns par les fenestres, les autres par des gouttières. — Pillèrent 4 maisons de Huguenotz, entr'autres celle d'un notaire dont ilz pillèrent pappiers. Auparavant faisoient marquer avec croix blanches les maisons des catholiques. Cela dura depuis 10 heures jusques sur les 4 heures, que les principaulx habitans prirent les armes et firent retirer cette canaille hors la ville, laquelle estoit si furieuse que les archers du grand prévost, qui au commencement deffendoient les portes du pallais, leur baillèrent de grands coups de hallebarde et de boutz de pistoletz dans les dos et le visage. Ilz revenoient tous ensanglantez..... et, quand les habitans vinrent en armes, ilz se présentèrent à la poincte des picques, disant qu'ilz ne se soucioient pas de mourir. — Quand on leur parloit du roy, ils criaient : « Vive le roy! » — La vraye cause de ce desespoir est que ce sont tous fileurs de soye, qui depuis 6 mois ne gangnent rien à cause des bruictz de guerre, dont ils se prennent aux Huguenotz comme les estant cause, et disent qu'ilz aymeroient mieulx la guerre qu'une telle paix, pource qu'ilz seroient soldatz.

Mercredy 5. — Le roy reçoit nouvelle à Blois que Mr de la Force (lequel avoit faict mine de vouloir résister puissamment à M^r d'Espernon dans le Bearn, avoit fortifié Pau, avoit mesme dict adieu aux dames qui s'en estoient retirées de craincte du siège, leur faisant des complimens sur ce subject), voyant venir à luy Mr d'Espernon, s'estoit retiré de Pau avec 15 ou 20 chevaux et avoit laissé 200 soldatz dans le château ; lesquelz, ayant envoyé demander sauf-conduit à Mr d'Espernon pour se retirer, et n'ayant pas eu la patience d'attendre qu'il leur envoyoit pour leur conduite, furent quasy tous tuez par les paisans. Mr de la Force se retire à.....

Jeudy 6. — Le roy va à Amboyze, où Mr le comte de Soissons, Mme sa mère et Mr le Grand Prieur le viennent trouver le vendredy 7.

Mr de Comminges, despesché par Mr de Bassompierre, apporte nouvelles que le roy d'Espagne avoit faict ce que le roy pouvoit désirer pour la Valteline, promettant de razer les fortz et mettre les choses en l'estat qu'elles estoient il y a 3 ans. Le feu roy d'Espagne, Philippe 3, n'avoit rien recommandé davantage par son testament.

Samedy 8. — Le roy va à Tours, où M. de Villarmon, gendre de Mr du Plessis Mornay (qui auparavant avoit desjà faict un voyage vers sa Majesté, et, estant retourné à La Rochelle, eust esté arresté par les Rochelois s'ilz eussent ozé), le vient trouver et luy apporte offre d'entière obéissance de la part de Mr du Plessis. Mr de Brassac y vient aussy trouver le roy le dimanche 9.

Lundy 10. — 5 des mutins penduz et exécutez à Tours, plusieurs compagnies du régiment des gardes estoient dans les principalles places, advenues et portes. Le roy, partant de Tours, y laissa 4 compagnies des Gardes (qui furent mandées 8 jours aprez pour le venir trouver à.........), M¹ de Courtenvaulx gouverneur avec 30 carabins, et commande à tous les habitans de distribuer toutes les places..... où les compagnies de la ville se rendroient s'il arrivoit quelque esmotion, avec charge expresse de mettre en prison les 3, 4 ou 5 premiers qui s'assembleroient, et, s'ilz se mettoient en plus grand nombre, de les tuer.

M¹ du Mayne arrive. Marsillac avoit faict toutes les allées et venues vers luy.

Mardy 11. — Le roy va à Saumur et loge dans le chasteau. Le matin, sur les dix heures, les mareschaulx des logis estant arrivez..... qui faisoit le logis vint au chasteau pour y marquer le logis du roy. M¹ du Plessis, demeurant fort estonné de cela (car le roy n'y avoit jamais logé), luy demande s'il en avoit charge, disant qu'il trouvoit ceste procédure bien estrange, vu que M¹ de Villarmon luy avoit rapporté que, l'ayant offert au roy, disant que qui offroit le plus pouvoit bien offrir le moins, il luy avoit respondu qu'il ne vouloit pas loger, et que M¹ le Connestable luy avoit ensuitte faict la mesme responce; qu'il pensoit avoir tesmoigné une telle fidellité que l'on ne pouvoit entrer en aucune deffiance de luy. Le maréchal des logis respondit qu'il n'en avoit point de charge, mais que sa charge l'obligeoit à chercher le logis du roy où il se trouvoit estre le plus commode. M⁰ du Plessis dit lors qu'il fît donc comme il l'entendroit, et que, lorsque le roy seroit venu, on sçauroit s'il y viendroit loger, que, sy on l'eust adverti auparavant, il auroit osté ses meubles. — M⁰ de Villarmon, qui estoit intéressé à tout cela, s'estoit fort scandalizé de ce que, contre ce que l'on luy avoit dict, l'on marquoit dans le château. — Incontinent aprez, comme M⁰ du Plessis disnoit, on luy vint dire que M⁰ du Hallier, capitaine des Gardes, estoit à la porte, qui demandoit à entrer avec dix ou douze hommes qu'il avoit. Cela l'estonna et le surprit ; mais aussy tost il se leva pour venir au-devant de luy, et commanda qu'au lieu d'ouvrir le guichet l'on ouvrist la grande porte. — M⁰ du Hallier, le voyant un peu esmeu luy parla fort civilement, luy dit qu'ayant charge de visiter le logis du roy, il estoit venu où estoient les mareschaux des logis. M⁰ du Plessis luy ayant tesmoigné son sentiment sur ce que l'on marquoit le château sans l'en advoir adverty, il luy respondit qu'ayant sy franchement, sy volontairement tesmoigné son affection au service du roy, il falloit achever de rendre l'obéissance toutte entière. — Sur cela il se radoucit. M⁰ du Hallier luy demanda s'il ne luy plaisoit pas de garder une chambre dans le château ; il respondit que non, pour ce que n'estant pas trop sain, il sera incommodé d'estre logé si estroitement. Alors il commanda que l'on baillast touttes les clefs à Mr du Hallier, tant des logemens que des magasins, et, estant descendu, il alla au devant du roy jusques à Notre Dame des Ardillières. Sa Majesté mit pied à terre et luy fit force caresses. Mme de Villarmon, ayant faict sortir à la haste tous ses enfans hors du château et mesme ceux qui estoient au berceau, faisoit tout hault des exclamations de la fasson dont on traictoit son père. La place étoit excellemment bien munie.

Mr de Tissé tué à Tours par Mr de Roger.

Mercredy 12. — Mr de Vendosme arrive auprez du roy. Mad^e de La Trimouille envoye offrir au roy les clefs de Tours.

Vendredy 14. — La reyne mère et Monsieur arrivent à Saumur.

La reyne mère, malcontente de ce que ses gens et ses chevaulx estoient mal logez, s'en alla coucher à Brigueil et revint voir le roy le dimanche, et retourna coucher à Brigueil.

Samedy 15. — Mr Arnauld envoyé par le roy à St. Jan d'Angely et à Figeac, vers Mr de Sully.

Lundy 17. — Le roy part de Saumur, où il laissa le Comte de Saux avec......

Les raisons de s'asseurer ceste place (outre les communes) furent qu'il n'y avoit nulle apparence d'engager la personne du roy dans le Poictou et laisser derrière une place de sy grande conséquence;

— que, le general de ceux de la Religion ayant failly, il falloit les chastier en leur ostant l'avantage d'une place qui estoit à eux plustost qu'à Mr Du Plessis; — que luy mesme courroit fortune, dans sa place, d'estre assommé par ceux de sa religion qui ne le trouvoient assez violent.

Le roy baille brevet à Mr du Plessis, portant de luy rendre sa place dans trois mois; Mr de Lesdiguières luy en engage aussy sa parolle (avoit parlé avec chaleur sur le subject de ceste affaire, disant que, sy on mescontentoit Mr du Plessis, il demandoit congé au roy et aymoit mieux aller prendre une picque en Flandres), sur ce qu'il en pouvoit respondre, la place estant entre les mains de son petit filz. — On offre à Mr du Plessis de luy laisser faire toutes les fonctions de gouverneur dans Saumur ou de suivre le roy pour le servir en son Conseil. — On luy promet de mettre toute sa garnison dans sa maison de la forest qui est à........ de Saumur, et le roy promit de la luy payer comme auparavant.

Le roy laissa dans Saumur Mr le comte de Saux avec 100 hommes tirez 5 de chasque compagnie des Gardes, deux compagnies de 50 hommes chacune à la Gromelle et La Forest, qui sont 200 hommes pour mettre dans le château, et III compagnies de 100 hommes chacune à La....... pour mettre dans la ville. Depuis lesd. 100 hommes des gardes s'en allèrent et Mr le Comte de Saulx (auquel Mr d'Aiguebonne laissé pour servir prez de luy) en fit venir de pareil nombre.

Le roy couche ce jour là à Touart. — On y trouve quantité d'armes. — Le soir résolu par...... d'y laisser garnison de IIᶜ hommes. Incontinent aprez résolution changée par......

Nouvelle que Mʳ d'Auriac avoit pris IIIIᶜ de poudre qui alloient de St Maixent à St Jan. 7 lieues de Saumur à Thouars.

Mardy 18. — Le roy va de Touars à Parthenay (7 très grandes lieues), où il a nouvelles que Mʳ de Rohan et Mʳ de Soubize estoient dans St Jan d'Angely avec 6 ou 700 hommes dont 50 gentilzhommes, et avoient bruslé quelques maisons d'un faulxbourg.

Le Roy résoult de faire demeurer auprés de luy le Sʳ d'Armagnac, de faire sortir sa garnison de Loudun et luy donner pour lieutenant le Sʳ de La Chaisnaye avec CL hommes de nouvelle garnison.

On paye au Sʳ d'Armagnac IIIᵐ IIᶜ LII livres comptans pour 4 monstres, faisant 8 mois de sa garnison de XXXV hommes, et ses estatz et appointemens.

Le Roy envoye le Sʳ de Grosbois à St Maixant, dont ayant osté le Sʳ Forain, il donne le gouvernement au Sʳ de Grosbois, son père.

Mʳ d'Auriac, mareschal de camp, estant logé à St Julien avec environ 4000 hommes de pied, faict donner par Mʳ de Fontenay, maréchal de camp du régiment de Piedmont, dans le faulxbourg de Mata.

Mr de Fontenay y fit merveilles : car, ayant mis pied à terre la picque à la main, il emporta touttes les barricades et donna jusques dans la porte de la ville. Mais ce fut une fort imprudente action à Mr Doriac : car il luy fallut quicter lesdites barricades pour revenir à son quartier, et il perdit là 20 ou 25 hommes mal à propos qui furent tuez des courtines de la ville, et, à l'instant que Mr de Fontenay eut mis pied à terre, son cheval fut emporté d'un coup de fauconneau.

Vendredy 21. — Le Roy va à Coulonges les Reaux. 6 lieues.

Samedy 22. — Le roy va à Fontenay le Comte, dont M^r de La Boulaye gouverneur luy estoit venu offrir les clefs. — Madame de La Boulaye sa mère a rendu en cela un très grand debvoir ; y estoit arrivée la veille. Désordre ; soldatz dans le château, et prennent hardes de Madame de La Boulaye dans le logis du roy ; le tout estimé 7^c tant de livres.

Dimanche 23. — M^r de...... entre avec 800 hommes dans St Jan. — Mr de Cressonnières y en avoit mené autant de Maillezais, qu'il avoit quicté voyant aprocher le roy, et y avoit laissé 80 hommes, dont un petit garson, son filz, qui apporta les clefs au roy à Fontenay.

Dimanche 23. — Mariage de M^r le Prince de Vaudemont avec Mad^{lle} de Lorraine, sa cousine germaine. (La dispence porte que, s'il meurt le premier sans enfans, elle espousera son frère de luy, et, sy elle meurt la première sans enfans, il espousera sa sœur d'elle, affin de conserver la maison), et le comte de Boulay, moyennant cela (M^r le duc de Lorraine et Mad^e la Duchesse luy vouloient bailler leur fille), espouze Mad^lle de Vaudemont. Mr de Lorraine luy baille 50000 livres de rente et luy fait ériger Falxbourg en principauté, et, au lieu de le faire signer de Guise, luy faict signer de Lorraine. Le père...... carme deschaussé qui avoit faict donner la bataille de Pragues cause de ceste affaire, ayant dit, arrivant de Rome, à M^r et à Mad^e de Lorraine qu'il leur annonçoit de la part de Dieu que s'ilz ne le faisoient ilz mourroient dans six jours. Espagnol se laissa baiser scapulaire par eux, leur manda quand ilz le voulurent voir qu'ilz montassent en sa chambre, leur dit qu'il sçavoit tout ce qu'ilz avoient sur le cœur. M^r le cardinal de Richelieu m'a dit à moy à St Germain en 1624 qu'ayant voulu esprouver qu'estoit ce père, il luy avoit demandé si un Evesque employé dans les affaires publiques pouvoit se dispenser de la résidence qu'il devoit à son Evesché, à quoy luy ayant respondu qu'ouy, il avoit dés là baisé les mains à sa Sainteté.

Lundy 24. — Mr de la Boulaye, de Normandie, entre en garnison avec 100 hommes dans le château de Fontenay; depuis le roy y mit...... exempt des Gardes avec 50 hommes, ausquelz on en adjousta aprez encore 30. Le roy donna brevet à M^r et à Madame de la Boulaye dont copie est en l'autre page.

« Aujourd'hui 23 du mois de may 1621, le Roy, estant à Fontenay le Conte, ayant jugé nécessaire pour l'importance de ceste place de s'en asseurer pendant le voiage que Sa Majesté faict présentement, en ayant esgard à l'obéissance qui luy a esté rendue en ceste occasion par le Sr de La Boullaye, gouverneur de ladite ville et château, Sa Majesté luy a promis et promet de le remettre et restablir en ladite place dans le terme de 3 mois à commencer du jourd'huy, ou plus tot si dans ce temps elle a pourveu à ses affaires, et au mesme estat et qualité qu'il l'a dellivrée ès mains de sadite Majesté, sans y estre rien innové ; et encore a promis et accordé au dit Sr de La Boullaye et à la dame de La Boullaye sa mère, de sa propre bouche, qu'encores que le terme pour lequel les places de seureté sont baillées en garde à ceux de la Religion prétendue Refformée ayt à finir dans 3 ans, qu'elle luy continuera le gouvernement de ladite place avec le mesme entretenement et garnison que jusques à présent il a eu et jouy, sans y estre rien innové ; veult aussy que durant lesdits 3 mois le dit Sr de la Boulaye et sa mère ayent leur habitation dans la maison de la ville où ilz avoient accoustumé de loger, pour y résider eux et leurs domestiques, si bon leur semble ; et qu'en fin du dit temps le dit château leur soit remis avec toutes les armes, poudres et munitions qui y sont à présent, comme aussy Sa Majesté accorde audit S^r de La Boullaye qu'il soit payé tant des estaz et entretenemens qui luy sont ordonnés par l'estat de l'extraordinaire des guerres, tant comme gouverneur de la dite ville et château que comme cappitaine de la compagnie qui y estoit en garnison, comme aussy de ce qui luy est ordonné et affecté pour la garde de la dite place par l'estat qui a esté expédié au Sr du Candal. Ce qu'elle veult luy estre payé tout ainsy qu'il........ actuellement servy pendant ledit temps ; et pour asseurance de ce que dessus Sa dite Majesté m'a commandé luy en expédier le présent brevet qu'elle a voullu signer de sa main et faict contresigner par moy son conseiller et secrétaire d'Estat et de ses commandemens. Signé Louis, et plus bas Phelipeaux. »

Mardy 25. — Le roy envoye........, exempt des Gardes, dans Maillezais avec 30 hommes. C'est un passage pour aller par les marestz à La Rochelle. L'isle a trois lieues de tour et a 14 parroisses.

Le roy va à Niort, où ne faict aucun changement. Se servit des 3 canons de batterye qui y estoient; avoit aussy pris les deux beaux de Fontenay.

Desplan, que le roy avoit envoyé à St Jan vers Mr de Soubize, rapporte qu'il n'estoit en son pouvoir d'obéir à ce que le roy désiroit de luy.

On apporte nouvelles au roy de la prise de Gargeau. Mr Damours et M^r des Boubiez, capitaine de compagnies, qui estoient venuz trouver le roy à Orléans, y firent fort bien. M^r le comte de St Paul et M^r le Maréchal de Victry, qui avoient charge du roy de l'attaquer s'il en estoit besoin, n'avoient encores personne. — Vativille avec quelques gens s'y vouloient jetter pour le défendre. Mr Damours leva le pont, Vativille le força et entra, mais en........ M^r le comte de St Paul, auquel le roy a baillé une imposition de xxxvi^m livres pour ceste affaire, a levé........ sur Orléans et le reste sur..... sçavoir xiiii^m livres pour ce qui estoit deub du payement des garnisons et xxii^m livres pour payement des levées des gens de guerre, etc.

Vendredy 28. — Le roy à Chizay. 5 lieues.

Samedy 29. — Maréchal de Lesdiguières et quasy toutte la Cour vont à l'armée. M^r d'Elbeuf blessé d'une mousquetade à la jambe.

Lundy 31. — Lendemain de la Pentecoste le roy va à St Julien recongnoistre St Jehan et coucher à Vervan, distant de 3 lieues de Chizay.

L'on attaque la première barricade du faulxbourg de Taillebourg qui estoit sur la porte, et, au lieu de se contenter de la prendre, les ennemis l'ayant quictée sans résistance et ayant mis le feu en mesme temps aux maisons du faulxbourg de cest endroict là, l'impétuosité inconsidérée des volontaires fit qu'ilz se jettèrent dans la rue par delà la barricade, d'où les ennemis commencèrent à les tirer de derrière leur 2e barricade, de telle sorte que, sans la fumée, ils eussent quasy tout tué. M^r le Comte de Mauvivier, Boisaudun, capitaine du Régiment de Navarre Huguenot, tuez; Mr de Humières, Navailles et Veines, blessez; Prince de Jinville, mousquetade chappeau; Mr Charlies, idem ailleurs. — Mr de Fontenay fit une excellente action : car, tous s'estans jettez dans les maisons des deux costez, pour ce que l'on ne pouvoit durer dans la rue sans estre tué, et qu'il n'y avoit aucun moyen d'emporter la barricade, il commencea luy seul à faire une barricade à travers la rue pour se couvrir, et puis y fit venir 3 soldatz de son régiment pour l'ayder, et à la faveur de ceste barricade les volontaires se desgagèrent des maisons et se retirent par derrière d'un des costez de la rue.

M^rs le Cardinal de Guise, Bressieux, Chaudebonne, Descry, Valline, Vilandry (que tua un sergent).

Ce jour fut faict le département des travaulx aux mareschaulx de France et maréchaux de camp. Costé de la porte de Nyort, maréchaux de Brissac et de Praslain, mareschaux de camp Créquy, Bassompierre, St Luc, Themines. — Régimens des Gardes, et Navarre, Suisses.

Costé de Mata, Prince de Jinville, Maréchal de Chaulnes. — Maréchaux de camp, Dauriac, Termes et La Rochefoucault. — Régimens de Piedmont, Champagne, Normandie, Beaumont, et depuis Lizieux et Estissac.

Costé d'Aunix, Marquis de la Vallette. — Régimens de Picardie, Chastelliers et La Grange St Vivian.

JUIN

Mardy 1er. — Mr de La Trimouille vient trouver le roy à Vervan. Ceux de St Jan attendoient grand service de luy et que par le moyen de Taillebourg il incommoderoit extrêmement le siége, ainsy qu'il le pouvoit faire, et prétendent qu'il le leur avoit juré, et mesme de garder Pons, où il avoit esté receu auparavant avec plaine puissance.

Le Buisson apporte nouvelles au roy de la prise de Sancerre par Mr le Prince qui l'alloit attaquer avec 6000 hommes de pied, 800 chevaulx et neuf canons, lorsqu'ilz résolurent de se rendre et d'empescher Vateville et autres, qui au retour de Jargeau s'estoient jettez dedans avec 500 hommes, de se rendre les maistres de leur ville. — Le roy donna x^m livres à Mr le Prince pour les fraiz de ceste levée, et, suivant son adviz, Sa Majesté ordonna le rasement du château et des murailles de la ville.

Mr de Bassompierre, de retour d'Espagne, vient trouver le roy à Vervan.

Le Baron de Chastellux blessé, dont mourut le lendemain.

Mercredy 2. — Pinguis, hérault d'armes du roy, va sommer Mr de Soubize de rendre St Jehan; à quoy il respondit par escript : « Je suis très humble et très obéissant subject et serviteur du roy ; quant au commandement qu'il plaist à Votre Majesté me faire, je la supplie très humblement de croire que l'exécution n'en dépend aucunement de moy : Signé, Benjamin de Rohan. »

J'ay le procez verbal de la dite sommation :

L'an 1621, le iiie jour de Juing, le Roy estant en son camp devant St Jan d'Angely au château de Vervans, nous, Jan de Pinguis, Sr Dardeine, hérault d'armes du Roy, du tiltre de Bourbon, pour satisfaire au commandement exprès de sa dite Majesté, nous nous serions transportez sur les 7 heures du matin vers la ville de St Jan d'Angely, accompagnez de Gerard Rives et Jan Rodes cadet, ses trompettes ordinaires, et estant environ de iii^c pas d'icelle, ayant faict faire trois chamades, ainsy que c'est en tel cas accoustumé, pour faire sçavoir à Benjamin de Rohan sieur de Soubize notre arrivée, nous nous serions approchez de la porte de Nyort de ladite ville revêtu de notre cotte d'armes, le bonnet de velours noir en teste, et le caducée en main ; auquel lieu ledit Benjamin de Rohan nous estant venu trouver accompagné de 25 ou 30 gentilzhommes que cappitaines, où s'estant arresté à la petite porte, en sorte que nous ne pouvions passer outre, voullant luy faire entendre les commandemens de Sa Majesté, et nous estant apperceus qu'il n'estoit au devoir d'un subject et vassal qui doit recevoir les commandemens de son Roy et Souverain Seigneur et Maistre avec toute sorte d'humilité, respect et rettenue, nous luy avions commandé de se descouvrir et tenir son chappeau en main en ces termes : « Tu manques à ton devoir, tu dois être descouvert te parlant et voullant parler de la part du Roy ton Maître et avoir le chappeau en la main »; à quoy ayant volontairement obéy et avec excuse de sa faucte, nous luy aurions à haulte et esclatante voix dit les parolles qui ensuivent :

« A toi, Benjamin de Rohan, Sr de Soubize, je te commande de la part du Roy, seul et grand monarque de la France et mon souverain seigneur et maître et le tien, de présentement faire ouverture des portes de sa ville de St Jan d'Angely pour y entrer avec tous les princes, ducz, pairs et officiers de sa couronne, seigneurs et autres de sa Cour et suitte, et d'en sortir promptement avec tous les gentilzhommes, cappitaines, soldatz et autres que tu y as faict entrer sans permission et contre sa volonté; faulte de ce faire, de te déclarer de la part de sa dite Majesté qu'elle te tient pour rebelle et désobéissant à ses commandemens, et, comme tel, criminel de lèze Majesté au premier chef, et à tous ceux qui sont avec toy, qui t'assistent et t'assisteront, lesquelz perdront leurs vyes et leurs biens; et tous les nobles et leur postérité seront pour jamais tenus et déclarez ignobles et roturiers. » Prononçant lesquelles dernières parolles nous nous tournasmes vers tous ceux qui estoient là presens en les menaçant du baston et caducée que nous avions en main. Et icelles achevées, entendues clairement et distinctement de tous ceux qui estoient presens, ledit Sr de Soubize nous auroit faict responce qu'il estoit trés humble serviteur du Roy et qu'il ne pouvoit dire autre chose; à quoy nous luy aurions respondu que cela n'estoit pas satisfaire aux commandemens de sa dite Majesté, comme son debvoir luy obligeoit, ny mesme faire entendre clairement ce qui estoit de son intention, et que, s'il voulloit faire sa responce par escript que nous luy fournirions ce qui estoit nécessaire; ce qu'ayant accepté, et luy ayant baillé du papier et une escriptoire, il se seroit retiré, et puis après nous seroit venu retrouver teste nue et un pappier qu'il nous bailla en nous disant qu'il ne pouvoit faire autre responce que ce qui estoit contenu en icelluy, dont la teneur ensuict :

« Je suis très humble, très obéissant subject et serviteur du Roy; quand au commandement qu'il plaist à Sa Majesté me faire, je la supplie très humblement de croire que l'exécution n'en dépend nullement de moy. — Signé, Benjamin de Rohan. »

« Laquelle responce ayant esté par nous prise des mains propres dudit Benjamin Sr de Soubize; et après qu'il se fut retiré, le Sr de Haulte Fontaine, qui l'assistoit, nous dit qu'il nous supplioit très humblement d'excuser ledit Sr de Soubize s'il ne s'estoit acquité des devoirs et respectz qu'il devoit en telle sommation ; qu'il n'y estoit accoustumé, ny n'en sçavoit les formalitez, et que, s'il eust creu le devoir recevoir les deux genoux en terre, qu'il l'auroit faict et n'y auroit pas voullu manquer. A quoy nous luy aurions reparty qu'il estoit aussy peu à excuser en cela qu'en la désobéissance formelle qu'il faisoit aux commandemens de sa dite Majesté, et que de résister à sa puissance estoit chose qu'ilz ne pouvoient faire, mais trop bien de voir bientost leur totale ruyne s'ilz n'obéissoient au Roy leur maistre.

« Ce qu'ayant par nous ainsy faict et dict, nous nous serions en mesme temps retirez avec lesdits trompettes vers Sa Majesté pour en faire notre rapport, lequel nous certiffions estre vray ; en tesmoing de quoy nous avons signé ces présentes de notre main et à icelles fait apposer le cachet de noz armes, les jour et mois que dessus. »

Vendredy 4. — On attaque la nuict le faulxbourg St Eutrope, qui fut pris sans perte d'aucun homme, pour ce que les ennemis ne le deffendirent point et que l'on perçoit de maison en maison au lieu de prendre au milieu de la rue. — Mr Arnauld menoit les enfans perdus, qui estoient douze mousquetaires que M^r le Fontenay luy avoit baillez, et leur faisoit percer les maisons.

Lundy 7. — Les ennemis font une sortie sur les 10 ou xi heures du matin du costé de St Eutrope.

Aprez estre montez le long de leur contrescarpe, ils se mettoient en bataille derrière une muraille, et, ayant pris à costé pour esviter d'estre veuz du canon, ils s'avancèrent quelque 80, on a voulu dire davantage, vers nos tranchées, où ilz nous tuèrent ou blessèrent 40 ou 50 soldatz. S'ils fussent sortiz grand nombre, ilz eussent peu donner jusques à notre canon. Enfin, estant repoussez par les nôtres, ilz se retirèrent 10 à 10 toujours en ordre, estant deffenduz de leurs courtines ; on leur tua quelques hommes.

Jeudy 10. — 32 vieilles compagnies arrivèrent de Guyenne ; Mr Zamet les commandoit. On résolut de leur faire prendre leurs logis dans les faulxbourg d'Aulnis, qui jusques alors avoit esté du tout libre aux assiégez. — M^r le mareschal de Lesdiguières, estant accompagné de plus de 200 volontaires, entre lesquelz estoit M^r le Prince de Jinville et autres seigneurs, vouloit prendre par le chemin le plus court, qui estoit le long de la Corne, que les ennemis avoient advancé de ce costé là, croyant qu'ilz n'y avoient lors personne, ainsy que l'on luy avoit rapporté. Sur quoy Mr Arnauld luy représenta qu'il y auroit en cela un extresme péril, pource que les ennemis pouvoient aisément faire couler des mousquetaires le long de ceste corne qui touchoit à leur ville, et assommer tous ceux qu'il menoit avec luy. Ce que Mr de Lesdiguières ayant mis en considération, et envoyé Mr Arnauld et M^r de La Grange recongnois-

tre, ilz trouvèrent que les ennemis avoient faict glisser III^c mousquetaires le long de ceste corne, tellement que Mr de Lesdiguières alla prendre un autre chemin pour gangner la teste du faulxbourg, où les volontaires voulant donner à toutte force et très mal à propos, Mr de Lesdiguières se mist en cholère et dit que l'on ne donneroit de tout ce jour là, et s'en alla. Tous les volontaires s'en allèrent ensuite, horsmis fort peu ; ce que voyant Mr Zamet, il donna sur les une heure aprez minuict et prit le faulxbourg sans perdre un seul homme. Son ordre fut qu'ayant esté recongnoistre, il trouva qu'assez avant dans le fauxbourg il y avoit une grande rue traversante, et lors il vint faire mettre ses troupes à main droicte et à main gauche à couvert des pignons des maisons des gens du faulxbourg, et puis envoya xxx hommes le long des murailles du costé de main droicte, qui, estant arrivez sans bruict à la rue traversante, se jettèrent dedans ; après 60 hommes, ensuitte tout le reste.
— Idem des troupes de main gauche.

Le régiment de Chastelier arriva aussy ce jour là, et fut logé avec Mr Zamet dans le faulxbourg d'Aunis.
— Le régiment de Lozières y fut aussy, et faisoit partye des 32 compagnies de Guyenne ; mais depuis il fut augmenté du maréchal de Chaulnes.

M^r le Baron de Rhetelin blessé d'une mousquetade.

Vendredy 11. — Mr de Créquy blessé à la joue, et

Mr de Montigny, capitaine au régiment des Gardes, aussy blessé.

Samedy 12. — Mr de Villandry le jeune tué. Mr le Baron de Vaillac blessé.

Dimanche 13. — Mr du Mayne assiège Nerac. — Mr de Montpouillan et le vicomte de Castez, filz de Mr de Favaz, deffendoient la place avec plus de II c. hommes, tant habitans qu'estrangers. — Mr du Mayne n'en avoit pas plus lors : estoit sorty de Bourdeaux avec 40 chevaulx sur la nouvelle qu'il avoit eue que ceux de Nérac avoient chassé les officiers du roy de la chambre de l'édict.

Lundy 14. — Les assiégez de St Jehan font une sortye. Mr de Lozières, qui estoit de garde, sortit des tranchées pour les recevoir et fit excellemment bien de sa personne, car il prit un soldat prisonnier après luy avoir baillé un coup d'espée; mais on dit qu'il debvoit attendre dans sa tranchée pour ce qu'allant au devant des ennemis, cela fut cause que ceux qui les favorisoient de leurs courtines tuèrent beaucoup des nostres, car nous eusmes plus de 60 hommes tuez ou blessez. Gamoriny fut blessé d'une mousquetade au bras derrière un gabion non remply. — Les ennemis jettèrent aussy quelques feuz d'artifice dont ilz nous bruslèrent quelques soldatz.

Mr Le Clerc faict intendant des finances. Mr du Houssay achepte LM. livres, la charge d'intendant de Mr de Maupeou.

Vendredy 18. — On fait jouer une seconde mine (la 1ère avoit peu faict) à la poincte du bastion de terre, servant de contregarde, viz à viz la Tour Cagnot. — La mine ayant joué, et nos gens ayant donné dessus le bastion, au lieu de se loger seullement dessoulz, nous y perdismes, ou de coups de canon, ou de mousquetades, soit tuez ou blessez, plus de 60 ou 80 hommes. Mr d'Escrit faisant un logement avec un panier fut tué d'une mousquetade par la teste. Mr de Laverdin, capitaine au régiment de Champagne, blessé d'une mousquetade, dont mourut 3 jours aprez. — Mr d'Escros Valencé blessé d'un coup de grenade à la teste, son frère d'un coup de pierre entre les deux yeux. Son frère le Chevallier y estoit aussy, et leur neveu, filz de Mr de Valencé, eut deux mousquetades dans sa mandille. Il n'y avoit en tout que 7 ou 8 volontaires, car on les avoit tous empeschez d'y aller, et Mr d'Escry s'estoit caché par dessoubs une barricade. Mr de Pugeoles fit là une très belle action, car, recongnoissant ses soldatz fort esmeuz de voir le carnage de leurs compagnons, que le canon des ennemis (et non le nôtre, comme on a voulu dire) avoit mis tellement en pièces que c'estoit chose hideuse, il leur représenta qu'ilz estoient heureux de hasarder leurs vyes pour le service de Dieu et pour celuy du Roy, et que, s'ilz avoient assez de courage, ainsy qu'il le croyoit, ils iroient sans grand péril faire un logement 15 pas plus avant. Il n'eust pas plutost dit cela que les soldatz .... du logement qu'ilz avoient desjà faict, et, criant : « Vive le Roy! » s'allèrent loger 15 pas plus avant, sans autre perte que d'un soldat estropié.

Mr de Haulte Fontayne, ayant été blessé ce jour-là, au travail de St Eutrope, d'une mousquetade à la teste, mourut quelques heures aprez d'une apoplexie qui luy prit de sa blessure et du grand chault tout ensemble qu'il avoit été. Sa mort fut cause d'avancer la reddition de la place, car auparavant personne n'en avoit ozé ouvrir la bouche, et dès ce jour-là M^r de..... .. Mr de Cressonnières et quelques autres commencèrent à conférer ensemble, et firent tenir un conseil de guerre, auquel ilz proposèrent de se rendre, pour ce qu'ilz n'avoient aucune espérance de vaincre.

La Roze, grand factieux, et quelques autres de la Rochelle, en nombre de 12 ou 13, qui avoient été pris prisonniers par Mr de Luxembourg, renvoyez à La Rochelle sans payer rançon. — M^r le Connestable et Mr de Luxembourg leur donnèrent chacun leur espée.

Samedy 19. — M^r d'Espernon arrive auprez du Roy.

Lundy 21. — M^r le Cardinal de Guise meurt à Xaintes d'une grande fiebvre continue aprez avoir témoigné un extresme regret et demandé plusieurs fois pardon de l'offence qu'il avoit faicte à Mr de Nevers.

Mardy 22. — Ceux de St Jehan envoyent un trompette pour sçavoir si le Roy trouveroit bon qu'ilz envoyassent un gentilhomme.

Mercredy 23. — En regardant de près le trou qui descendoit dans le fossé, le travail qui se faisoit dans ledit fossé, Mr de Carboniers tué. Mr de Favolles blessé au travers du visage, dont mourut quelques jours aprez. Mr du Roc, sergent major à Brouage, tué en travaillant dans le fossé. Mr de Fontaines et quelques autres gentilzhommes, dont une partye estoient à Mrs de Bassompierre et de St Luc, tuez. Mr de La Valette blessé au pied, et Mr le Baron de Pahiau à la teste. 20 ou 30 soldats tuez ou blessez.

Mr de Montmartin vient diverses fois de la part de Mr de Soubize pour la capitulation de St Jan.

Vendredy 25. — Mr de Montmartin ayant amené avec luy Mr de Loudrière, Mr de La...... et deux députez des habitans de St Jehan, la capitulation est résolue ainsy qu'il s'ensuit :

« Le roy ne prétend faire aucun traicté, mais à la très humble supplication, par plusieurs fois réitérée, de ceux qui sont dans St Jehan, Sa Majesté leur pardonnera à tous généralement, de quelque qualité et condition qu'ilz soient, tout ce qu'ils ont faict et commis durant le siège et pour le subject d'icelluy, à condition qu'ilz lui demanderoient pardon et jureroient de demeurer éternellement en son obéissance, et qu'ilz ne porteront jamais les armes contre son service, soubz quelque cause et prétexte que ce soit; Sa Majesté entendant aussy, comme elle a tousjours faict, qu'ils jouissent de la liberté de leurs consciences suivant les édictz ; soubz ces conditions, Sa Majesté leur faisant ceste grâce, leur accorde la liberté de leurs personnes, et les remet dans la jouissance de leurs biens, comme ilz estoient auparavant, et ceux qui se voudroient retirer dudit lieu, Sa Majesté leur fera donner sauf conduit pour leurs personnes, armes, chevaulx et bagages.

« Pour touttes autres demandes par eux faictes, elles demeureront du vouloir de Sa Majesté, pour en user comme il luy plaira.

« Faict au camp, devant St Jehan d'Angely le xxve juin M. VIe XXI. »

Ceste grâce a esté acceptée par les assiégez, et suivant icelle ceux qui estoient de dehors qui se sont voulu retirer sont sortis dès le lendemain matin aprez avoir demandé le pardon et faict la protestation et serment cy dessus, et se sont retirez, et le roy a faict en mesme instant entrer partye de ses troupes dans ladite ville.

Samedy 26. — Mr de Soubize sort de St Jehan avec environ xvii^c hommes en tout, dont il y avoit environ 150 ou 200 tant gentilzhommes qu'officiers d'infanterye. Les gentilzhommes estoient à cheval, quelques uns portaient haulce col, d'autres non ; les soldatz portoient picques, et mousquetz soubz le bras, et furent ainsy trois lieues et demye durant, conduitz par Mr de Contenant, maréchal de camp, par 50 maistres de la compagnie de gendarmes du Roy, par la Compagnie entière des chevaulx légiers du roy et la compagnie de gendarmes de Mr le Connestable. Il leur avoit esté permis au bout de deux lieues et demye d'allumer leurs mesches et se retirer compagnie par compagnie ; ce qu'ayant voulu faire, les gendarmes et chevaulx légiers qui se rencontrèrent sur leur chemin, qui ne le sçavoient pas, ne le voulurent point permettre, et y pensa avoir brouillerye ; mais enfin ilz s'avisèrent d'envoyer au Roy.

Le roy regardoit sortir tous ceux de St Jehan. Mr le Connestable, voyant venir Mr de Soubize, s'avancea pied à terre. Mr de Soubize mit pied à terre, et, s'aprochant du roy, un genouil en terre, luy tesmoigna le desplaisir qu'il avoit de ce qui s'estoit passé. Le roy luy respondit qu'il l'oublioit et ne s'en vouloit point ressouvenir, à la charge qu'il ne retournast jamais à pareille faulte. Mr de Soubize replicqua qu'il le serviroit à l'advenir de tout son pouvoir. — Mr de Soubize ne salua point trop bas Mr le Connestable.

Les assiégez emmenèrent aussy 33 blessez. Ilz n'ont perdu durant tout le siège que 7 gentilzhommes, 40 ou 45 soldatz et 5 habitans.

Ilz ne manquoient de quoy que ce soit nécessaire pour soutenir encore le siège; ilz pouvoient durer, estant bien attaquez, encore dix ou douze jours.

Les femmes y ont faict merveilles. — Prez de 5500 ou 6000 coups de canon tirez contre St Jan n'ont pas tué plus de x ou xii personnes. — Ceux qui ont esté tuez entre les assiégez l'ont quasy tous esté d'arquebuses à fusil. Ils avoient 5 canons et quelques fauconneaux.

M^r d'Espernon entra dans la place avec commandement d'y donner ordre. On y fit entrer seulement …… compagnies de Gardes françaises et …… compagnies de Suisses. Contre la capitulation les soldatz se mirent à piller, et le pillage a esté recommencé tant de diverses fois qu'enfin il n'est rien resté.

Le roy ordonne par déclaration vérifiée au Parlement de Bourdeaux que St Jehan seroit entièrement démantelé et les fossez comblez et murailles abbatues. Mais, en considération et à la très humble supplication de quelques uns des officiers qui sont demeurez en leur debvoir, il y laisse la jurisdiction royalle.

On laisse M^r d'Ambleville pour faire faire les démolitions et le régiment de Chastelier Barlot.

Lundy 28. — Le roy va à Brisembourg. 3 lieues.
Mardy 29. — Le roy va à Congnac. 3 lieues.

M^{rs} d'Augustard, de Chastellier, de Bonnefoy et deux habitans de Pons apportèrent au roy les clefs de

Pons. Mʳ de Bonneval y avoit esté envoyé par le roy, et depuis le Sʳ d'Esplan. — Le marquis de Chasteauneuf s'estoit jetté dans ceste place pour faire sa paix, ainsy qu'il fit, et se retira en sa maison avec abolition de toutes ses faultes. — xxɪɪɪɪᵐ livres donnez par comptans pour ledit traicté.

Mʳ le Maréchal de Lesdiguières fut envoyé par le roy dans Pons pour faire sortir les gens de guerre, qui estoient douze ou quinze cens, et empescher que l'on ne fît insolences, ce qu'il fit. Il y avoit dans la place deux gros canons, deux couleuvrines, deux bastardes, une pièce estrangère, 1500 bouletz, mais fort peu de poudre. Toutes ces munitions et autres, comme plomb, mesches, etc., portées à Blaye.

Ordonné par le Roy que toutes les fortifications dud. Pons seroient rasées et le régiment d'Estissac laissé pour cela, les nouvelles...... aussy et Mʳ de Miossans sergent comptable.

Le matin de ce mesme jour, le roy receut nouvelles que les Rochellois envoyoient par mer des munitions à ceux de Pons (auparavant qu'ilz eussent apporté clefs), lesquelles ilz descendoient à 3 lieues de là, et estoient escortées par 200 hommes de pied et 90 ou 100 chevaulx que ceux de Pons avoient envoyez. Mʳ de Montgoy avec la troupe de chevaulx légers de Mʳ le Prince de Jinville, quelques gendarmes et 34 de la compagnie de carabins de Mʳ Arnauld, les desfit entièrement. Laloi, maréchal des logis de ladite compagnie, se saisit avec 16 de ses compagnons d'un passage que xx ou 30 mousquetaires des ennemis gardoient, et Terac, avec 16 de ses compagnons qui vinrent d'abord aux coups de pistolet et d'espées, chargea toutte la cavallerye des ennemis à la veue de leur infanterye ; il en tua trois de sa main, et Agues, premier brigadier, 2. Il demeura 28 hommes des ennemis mortz sur place, 90 chevaulx pris, quelques prisonniers ; partye des munitions furent rechargées par les ennemis sur les vaisseaux, d'où ils tirèrent sur les nôtres L ou LX volées de canon. Nous n'eusmes qu'un chevau léger tué.

Nouvelles au roy que, Mr de la Force ayant avec 1800 hommes surpris Caumont par intelligence de quelques Huguenotz habitans, Mr du Mayne ayant laissé Mr de Vignoles avec son infanterie continuer le siège de Nérac et ayant pris sa cavallerye, qui estoit environ 500 ou 600 chevaulx, et joinct au bout de 2 jours les Régimens de Ste Croix et Barrault d'environ 1800 hommes, vint attaquer la ville dudit Caumont, estant favorisé du château commandé par Letourville, et aprez de rudes escarmouches avoit tellement pressé les ennemis qu'ilz se résolurent de se retirer, et, partye estant desja sortiz et le reste ayant mis dans l'Église touttes leurs poudres avec tout leur butin, le feu se mit ausdites poudres, qui, ayant renversé sur eux les murailles de l'Église, en tua quantité.

La chose se passa ainsy. Le Lundy..... Juing. Le

premier consul de Caumont, qui estoit de l'intelligence (et a esté tiré à quatre chevaulx par arrest du parlement, et sa teste mise sur la porte de Caumont), envoya quasy tous ceux qui estoient à la garde faire leurs affaires, et donna 2 escuz à chacune de 3 sentinelles, mais asseurément à celle du coing de la Tour. Mr de la Force donna à la porte de la ville avec 3o ou 4o chevaulx, fut repoussé; en mesme temps on donnoit derrière le temple au coing de la Tour, dont ilz petardèrent la fausse porte, et, ne pouvant petarder l'autre, montèrent par dessus et entrèrent par la fenestre sur la terrasse; ilz pensoient que Mr de Letourville, entendant le bruit, iroit à la porte de la ville, et que par là ils luy couperoient chemin et le prendroient prisonnier; mais, ayant esté adverty par son lieutenant que la ville estoit prise, il s'estoit retiré dans le château. Les ennemis commencèrent aussy tost à se loger dans la ville et à faire une traverse sur la terrasse à la...... des Ormes pour se couvrir du château. M^r de Le Tourville se trouva avec environ 35 hommes dans le château, dont il fit tirer force coups de pièces et quantité de mousquetades. Au bout de deux jours environ, xxv habitans du Mas d'Agenais se vinrent poster dans le château; ilz montèrent le long de la muraille au coing d'une grosse tour, viz à viz de la rivière, avec une corde nouée. Quelque temps aprez, Mr Doudias, gentilhomme du pays, s'y vint aussy jetter avec 5o hommes. Mr du Mayne sçachant la prise de Caumont, laisse Mr de Vignolles avec l'infanterye continuer le siège de Nérac et prend sa cavallerye, avec laquelle ayant joinct les régimens de Ste Croix et de Barrault, il vient à Caumont, faict attaquer Ste Croix à main gauche, et Barrault à main droite, le long de l'eau, où les ennemis avoient faict corps de Gardes ; d'où le canon du château les deslogea, et puis Barrault leur fit quicter tout le reste. — Mr de Ste Croix eut quelque quarante hommes tuez. Les ennemis, se voyant attaquez de tous costez et hors d'espérance de prendre le château, se résolurent de se retirer ; ilz estoient lors environ 11{c} hommes, et, voulant mettre le feu aux poudres qu'ilz avoient mises dans l'Église où estoit tout leur butin, un char les arresta. — Mesche brusle trop tost. — Église tombe, les écrase. 60 trouvez mortz, y en a encores...... poste jusques dans le fossé du château.

Les Huguenotz perdirent environ trois ou quatre cens hommes à ceste entreprise. Premier consul escartelé à Bourdeaux. — ... Teste postez à Caumont.

Ce mesme jour le roy receut nouvelles de Mr le mareschal de Praslain (ce fut le 2 juillet que le Roy receut ceste nouvelle ou le 1er) par Mr d'Esguilly, qui luy apporta un drapeau. Mr le maréchal de Praslain (sur l'aviz que le roy avoit eu que Mr de Favaz, estant sorty de La Rochelle avec quelques gens, avoit ramassé environ 1200 hommes, à quoy il se debvoit joindre de la noblesse........ et quelques autres troupes pour former un corps dans le Bas Poictou, et que desja il avoit faict.......... 500 livres à...... quelques fortz, et estoit en estat de se fortifier beaucoup davantage, s'il n'y estoit pourveu), part de St Julien avec 300 ou 400 bons chevaulx et le régiment de Mr de Lozières. Estant arrivé à Nyort suivy aussy de quantité de volontaires, il prend des chariotz, met vi^{xx} bons mousquetaires dessus et repart incontinent. Arrivé aprez avoir..... en chemin dans un village où un nommé Latolandale s'estoit fortifié dans une Église avec deux compagnies de gens de pied : estant investy et ayant tiré au travers un gros de cavallyers sans tuer personne (Mr de Retz mousquetade), enfin, voyant venir les mousquetaires, il se rendit; la cavallerye des ennemis, qui estoit environ de 200 chevaulx, fuyant cependant à travers les marais et estant poursuivie des nostres, il s'en noya quantité. Le Baron de La Grève y estoit, à ce que l'on tient. — Le lendemain matin, Mr de Praslain voulant aller attaquer Mr de Favaz, qui s'estoit retiré prez de là avec 800 hommes dans un fort bon fort qui estoit desja en deffence, et dont estant pressé il pouvoit à toutte heure se retirer par mer à La Rochelle, on trouva qu'il l'avoit abandonné d'effroy et s'en estoit allé à La Rochelle, où on dit qu'il fut très mal receu. Mr de Praslain envoya quérir tous les paisans des environs et fit combler(?) entièrement ledit fort; de delà alla à...... qui estoit un fort bon château, lequel il n'estoit en sorte quelconque en estat d'attaquer, n'ayant que deux meschantes petites pièces qu'il avoit amenées de Nyort, et l'ayant envoyé sommer par un trompette, le baron de la Grève, qui estoit dedans, la Tolandale et......... rendirent la place, où Mr de Praslain establit en garnison le Sr Chevallier avec 100 hommes.

Ce mesme jour 29e le Roy receut nouvelles que Mr de Montgommery avoit remis Pontorson entre les mains du Sr de Viz, exempt des Gardes, moiennant c^m livres, dont L^m payez comptans et le reste en une promesse de Mr de Retz, à prendre sur ce que les estatz de Bretagne donneroient.

Ce fut le 2 juillet que le roy receut ceste nouvelle ou le 1er.

JUILLET

Jeudy 1er.

Lundy 5. — Le roy va à Barbezieux, 5 lieues, laisse M^r d'Espernon en Xaintonges avec armée de 6000 hommes de pied et... chevaulx, dont il doibt lever 2000 hommes de pied pour blocquer La Rochelle par terre, cependant qu'en mesme temps on la blocquoit par mer. Laisse Mr Dautry pour intendant de la Justice, et envoye Mr du Viex du Houssay à Poitiers pour demander quelque secours du deu à Mrs du Clergé, qui y estoient assemblez, et furent depuis transferez à Bourdeaux.

Mercredy 7. — Le roi va à Montguyon, 4 lieues.

Jeudy 8. — Le roy va à Coutras, 3 lieues, où Mr de la Forest luy apporte les clefs de Castillon, qui est à Mr de Bouillon. — Députez de Bergerac viennent, mais sans clefs.

Vendredy 9. — Le roy reçoit nouvelles que Mr du Mayne avoit pris Nérac par composition, tambours battans, enseignes desployées. Mr de Montpouillan et Vicomte de Castez la deffendoient.

Mr de Boisse, avec ses filz et Mr de Théobon, son gendre, vient trouver le roy, luy apporte les clefs de Ste Foy. Avoit obtenu lettres patentes par lesquelles le roy déclare que les fortiffications de Ste Foy et de Monneur, maison de Mr de Boisse, (ont été faictes par son commandement verbal et pour son service).

Samedy 10. — Le roy va à St Emilion, 3 lieues. Église dans Roc, 40 thoises de long sur 12 de large. Mr de la Force sort de Bergerac, où il avoit environ xv^c hommes de guerre. Mr de Paniceau, soldat de fortune, excellent maistre de camp et qui avoit apris son mestier soubz le feu roy, filz d'un conseiller de Bergerac — qui a environ L^m livres vaillans en biens tout contre Bergerac. Gangné au service du roy (par un nommé Malleret, gentilhomme Huguenot qui a aussy, principallement avec le lieutenant général de Bergerac, nommé Charon, habile homme, aydé à gangner Mr de Boisse), le persuada insensiblement à quicter la place. Moyens : faisoit le déterminé, qu'il falloit acquérir de la réputation dans ceste place, faire sortir femmes et enfans ; représentoit aux soldatz et habitans toutes les horreurs d'un siège, faisoit sortir ceux qui n'estoient assez résoluz pour les souffrir, encourageoit les autres (et avoit entière créance parmy les soldatz). Mena Mr de la Force voir toutes les fortiffications, où elles estoient bonnes, disoit merveilles, disposoit desja de l'ordre du combat ; où estoient mauvaises, se gratoit la teste, disoit qu'il n'y avoit moyen de résister, et ainsy Mr de la Force se résolut de se retirer avec partye de ses soldatz assez estonnez : le reste demeura avec Paniceau, qui attendit le roy dans Bergerac. Sa Majesté luy donna 11^m livres de pension, dont mille payez comptans et un brevet de mareschal de camp.

Dimanche 11. — Le roy va à Castillon, 2 lieues, où il trouva que Mr de Bouillon n'avoit rien fait fortifier.

Lundy 12. — Le roy va à Ste Foy, 3 lieues. Il n'y avoit pas un seul catholique en tout Ste Foy. Ceste ville est sur la Dordogne comme Castillon ; mais extrêmement jolye... droictes places... galeryes. Grandes fortifications extrêmement bien construittes (quand à la matière), mais quelque chose à dire à la forme : car, au lieu de deux tenailles qu'il y a, avec 3 grands bastions et deux demis, on pouvoit faire tous bastions. Les habitans n'y avoient pas travaillé la valleur de 3 mois, dans autant de temps ilz achevoient. — Le roy n'en feroit faire autant en un an pour CL^m livres. Un cordonnier mon hoste en avoit payé pour sa part, compris la nourriture, 80 livres. Ilz avoient un gros canon pesant 7600 ou 7700 portant 8 poulces de diamètre, qu'ilz avoient fondu, et en avoient faict 5 petites pièces moyennes, et y avoient mis les armes de la ville. Auparavant ce dernier mouvement, ilz n'avoient poinct de gouverneur, appelèrent Mr de Boisse Pardaillan pour leur servir de gouverneur, qui les fit travailler de ceste sorte, et en traictant avec le roy il obtint les provisions de Gouverneur de ladite ville pour Mr de Théobon son gendre. — Le roy n'entra point dans la ville et logea en une maison à la campagne proche du faulxbourg de l'autre costé de l'eau.

Mardy 13. — Le roy va à Bergerac, 3 lieues. — (Il n'y avoit qu'un catholique en tout Bergerac.) — Trouve qu'ilz avoient faict depuis le mois de Janvier des fortifications de x bastions royaulx et 21 demis, et fesoient ce que sa Majesté ne feroit pas pour IIII^c m. livres, ce qui estoit commencé; ilz eussent achevé dans 3 ou 4 mois, et, sy la place eust esté en deffence, ilz ne l'eussent jamais rendue.

Le roy oste le maire (factieux) et baille la charge au Sr Charron, lieutenant général. Le Gast Bailly (qui crioit offences) estoit en fuicte et méritoit la corde. Mr de Bourdeilles intercède pour luy.

Le roy, en partant, laissa Mr de Rambures avec son régiment de xii compagnies et iiii^c Suisses pour faire desmolir fortiffications aux despens des habitans.

Mardy 13. — M^r le Prince avec environ 1500 hommes de pied et... chevaulx va dans Sully pour assiéger le château, où Bricquemault, avec 300 ou 400 soldatz, receu par Bisiou Gouverneur pour Mr de Sully, s'estoit jetté et pilloit, brusloit, levoit les tailles, ruinoit les Églises, et faisoit mille meschancetez aux environs. — Avoient des basteaux pour passer la rivière et fortifioient une Église de l'autre costé. M^r le Prince les attaqua là, en tua..., en fit pendre... et y en eut de noyez.

Le 19e M^r le Prince les prit par composition de vye et bagues sauves, mesche estainte, etc. Mr de Contenan m'a dit qu'il s'est trouvé au château xi pièces de canon, iii^c ... de poudre pour armes, cl chevaulx et 500 ou 600 hommes de pied, et que M^r le Prince en a pris une moityé et M^r le Comte de St Pol une autre. On dit que Madame de Sully (que M^r le Prince tenoit comme prisonnière) fut contrainte par luy de bailler xii^c livres aux soldatz du château, qui ne voulloient pas sortir sans cela. — Les soldatz de M^r le Prince pillèrent tout dans le château, et mesme Bisiou, qui y avoit tous ses meubles.

« Nous Henry de Bourbon, prince de Condé, duc d'Anguien et Châteauroux, premier prince du sang et premier pair de France, gouverneur et lieutenant général pour sa Majesté en ses pais et duché de Berry et Bourbonnois, à la prière de plusieurs de nos amis et serviteurs, accordons et promettons entretenir de bonne foy à tous ceux qui sont dans le château de Sully, de grâce, et pour éviter leur perte inévitable, retour et seureté en leurs maisons ;

« Et seront remis et paisibles en la jouissance de leurs biens et maisons.

« Abolition de tous, sans rien excepter, de tout ce qu'ilz ont faict à Sully et environs, depuis leur entrée au château jusques à présent, et pour ceux qui ont monté à cheval pour les assister.

« Promettons à Biziou luy donner et obtenir du roy une abolition du faict dont il estoit cy devant en paine.

« Jouiront tous d'une entière liberté de conscience, comme cy devant, suivant les éditz du roy ;

« Sortiront avec leurs armes, bagages, butins et chevaux.

« Nous les ferons conduire par notre cappitaine des gardes en seureté, et dans trois jours seront tenus se séparer et se retirer dans leurs maisons ou ailleurs.

« Pourront laisser au château deux d'entr'eux pour retirer leurs besongnes, équipages, et Mr de Courtenan prendra le soin de leur faire rendre le tout, à la charge de jurer, suivant ce que Mr de Soubize et ceux de St Jan ont juré, servir au Roy envers tous et contre tous, et aussy à la charge de nous remettre le château de Sully entre les mains, et seront présentement conduictz par une compagnie de chevaux légiers et sortiront par le parq.

« Faict au camp de Sully, ce 19 juillet 1621.

« Tous prisonniers seront rendus de part et d'autre. »

Mercredy 14 et *Jeudy* 15. — On apporte au roy les clefs du château de Thonneins, dont La Garde estoit gouverneur, et a eu XII^m livres de récompence; — de Montflanquin, dont St Léger estoit gouverneur, et a eu XVI^m livres de récompence; — de Castel-jaloux et de Castez.

Le roy envoye razer Vezins, dont La... gouverneur a eu XII^m livres de récompence, — et Mauléon, dont Surrin gouverneur a eu IIII^m livres de récompence.

Samedy 17. — Le roy va à Emet, 3 lieues. Jolie villette assez bien fortiffiée.

Dimanche 18. — Le roy va à St Barthomion, 3 lieues.

Lundy 19. — Le roy voulant aller à Thonneins, distant de deux lieues, il vint une sy extresme pluye, outre celle qu'il avoit faict la nuict et le soir d'auparant, que le ruisseau nommé (Tolosat) s'enfla et desborda de telle sorte que le roy ne peust passer et alla loger à Hault Vigne.

Mardy 20. — Le roy arrive à Thonneins, où Mr du Mayne l'attendoit; commande à Mr de Schonberg de faire la charge de Grand Maistre de l'artillerye en l'absence du marquis de Rosny.

Mercredy 21. — La Reyne, qui venoit de Bourdeaux, arrive à Thonneins, et Mr du Mayne part pour s'avancer vers Montauban. — On luy ouvre les portes du mas de Verdun, L'Isle en Jourdain et Meduvoisin. Il prend un canon, une couleuvrine et une bastarde qui estoient à l'Isle en Jourdain, et faict ordonner 3 Conseillers du parlement de Thoulouze pour faire raser les fortiffications de... ou 3 places.

Jeudy 22. — M^r le Maréchal de Lesdiguières va recongnoistre Clérac; on tire sur luy.

Vendredy 23. — Le roy commanda à M^r le comte de Schonberg de faire la charge de Grand Maistre de l'artillerye en l'absence du marquis de Rosny; ce qu'il fit jusques à... et par conséquent durant le siège de Clérac, de Montauban.

Attaque des avenues de Clérac. Ce sont tous chemins creux bordez de hayes et de vignes, où ceux de Clérac avoient faict des barricades, et estoient sortiz environ viiie ou mil hommes pour les garder.

Toutte l'armée du roy entière les attaqua en mesme temps.

Le régiment des Gardes donna à main droicte; M^r le Maréchal de Lesdiguières et Mr de Turenne y commandoient.

Les régimens de Piedmont, Navarre, Normandie

et Chappes donnèrent au milieu. Mr de Couthenan y servoit de mareschal de camp.

Les régimens de Picardye, Champagne et Beaumont donnèrent à gauche. Mr Zamet y commandoit de maréchal de camp.

Nous eusmes 150 ou 200 hommes tuez ou blessez. Les ennemis laschèrent tousjours le pied devant les nôtres et ne voulurent jamais venir aux mains ; mais ils tiroient fort bien en se retirant.

Mr de Termes blessé d'une mousquetade qui luy perçoit le bras gauche et luy entroit dans le corps, dont mourut le lendemain dix heures du matin. — Ce qu'on donna plus tost que l'on n'avoit résolu (par le commandement de M^r le Maréchal de Lesdiguières), et avant que le roy vinst, fut cause de sa perte : car il avoit résolu de combattre sur la main droicte et y avoit faict porter ses armes ; mais, voyant cela, il s'avancea à cheval à la teste des enfans perduz, où il fut tué. — Mr de Maillet tué. — Mr de Mozotte, capitaine aux gardes, blessé à travers le corps, dont est mort. — Mr de la Rivière blessé d'un coup de fauconneau à la cuisse, dont est mort. — M^r d'Amboize blessé d'une mousquetade au bras.

Quelques jours aprez, Mr de Baradas, capitaine au régiment de Navarre, blessé d'une mousquetade à la teste, dont mourut le mardy 3 Aoust. M^r d'Esquilly eut sa compagnye.

Jeudy 29. — Mortier blessé d'une mousquetade à la jambe.

Vendredy 30. — Ceux de Clérac saluez d'environ 900 coups de canon, tirez par deux couleuvrines et 13 canons de batterye; un 14e canon estoit desmonté. — Il y avoit 3 batteryes haultes; depuis on en fit deux basses, et on fit encore venir 7 canons de Bourdeaux.

Mr de Baradas meurt. — Service de Mr de Termes. — Beauregard... Suisses meurt de maladie. Contade eut sa charge.

AOUST

Dimanche 1er et *Mardy* 3. — M^r le Garde des Sceaux du Vair meurt à Thonneins d'une grande fiebvre continue qui ne luy dura que 8 jours.

Les sceaux ayant le soir mesme esté reportez au roy, il les bailla à M^r le Connestable, qui commencea le... à tenir le sceau, assisté de Mrs du Conseil des Ministres, de Mrs du Conseil et M^{res} des Requestes. Le roy y vint et y fut environ 2 heures.

M^r le marquis de Beauvron blessé d'une mousquetade à la joue, qui luy rompt 3 dents.

Mercredy 4. — Ceux de Clérac envoyent 12 deputez (ou environ) au roy; Galnies, le capitaine Lintillac..... y estoient. Favier ministre porta la parolle et parla fort bien, exagera le crime de Clérac, prétexte religion, avoient esté trompez, et depuis aprit le contraire; — extresme justice du roy; — imploroient sa misericorde et qu'il adjoustast ce tittre à celluy de Juste. — Enfans d'Israël qui disoient : « Sy nous voyons Dieu, nous mourrons », qu'ilz puissent dire : « Sy nous voyons le roy, nous vivrons », etc.

Le roy luy respondit qu'ilz avoient bien faict de recourir à sa miséricorde, qu'ilz se missent en leur debvoir, et qu'ils esprouveroient sa bonté; et aprez ..... M^r le Connestable leur diroit ce qu'ilz auroient à faire. Ilz promettent L m. livres, au lieu de pillage.

Le Roy emprunta les L m. livres à Bourdeaux sur l'obligation des principaux habitans de Clérac, et les fit distribuer 4 livres à chasque soldat présent par le trésorier des gardes (vouloit y commettre vallet de chambre ou autre). Capitaines bailleroient roolles des absens malades ou blessez, pour leur bailler les 4 livres lors qu'ilz reviendront.

M^r d'Angoulesme les menoit et avoit négotié tout cela avec eux.

M^{rs} les Mareschaux de France ne furent appellez ; M^r le Maréchal de Praslain y entra par hazard, comme Favier parloit au roy.

Jeudy 5. — M^r le Connestable va à Clérac suivy de toutte la cour. Quelques habitans, voyant que l'on montoit par force par-dessus les bastions, voulloient faire partye de se rallier. — 8 compagnies du régiment des Gardes entrent après M^r le Connestable et

Mrs les Maréchaux de France. On voulut faire sortir les soldatz estrangers venuz dans Clérac par des bâteaux à travers la rivière, sans y avoir donné aucun ordre précédent ny mis les troupes en bataille; 500 soldatz de Piedmont qui estoient en garde aux tranchées de ce costé là se desbandans pour les dévaliser, et d'autre costé les Suisses ayant faict une salve par gaillardise, ilz se mirent en tel effroy que, sans chercher bâteaux ny quays, ilz se jettèrent à travers de l'eau viz à viz d'une écluse. — Corde couppée par nos soldatz (dont 3 penduz à l'heure mesme) et environ 150 noyez.

Mr le Maréchal de St Géran coucha dans la ville, où il demeura aussy les jours suivants pour y commander et tenir tout en ordre. — Mr d'Angoulesme y coucha ceste nuict là.

Samedy 7. — Quatre habitans de Clérac penduz: un procureur; un ministre, son filz; un 3e, consul, son gendre, et un cordonnier.

Nouvelle arrive au roy de la prise d'Aubiac par Mr du Mayne à une lieue de Montauban. Mr du Mayne, croyant estre dans Aubiac sans difficulté, alloit voir ses troupes qui estoient là auprès en bataille. — Mr de Bellebas s'avance; on tire sur luy. — Mr du Mayne faict donner au faulxbourg, l'emporte, et, la ville voulant donner au fort, on luy tue environ LX hommes et luy en blesse 50; est repoussé et néantmoins se loge. Les ennemis, en nombre de 300, se voyant perduz, le lendemain se rendent à discrétion ; Mr du Mayne faict pendre 22 des principaulx et donne créance aux blessez comme prisonniers de bonne guerre ; met la ville au pillage. — Maîtres de camps et sergents majeurs y viennent, entrent dedans, font partage de tout en six portions, selon les régimens, et puis chasque régiment partageoit en 10 par compagnies, et puis chasque compagnie partagea. Toutes les femmes furent mises à part, et on ne leur fit desplaisir quelconque. La ville fut bruslée et entièrement razée.

Ensuitte de la prise d'Aubiac, Cossade (très-bonne place), Negreplisse..... envoyèrent les clefs à Mr du Mayne, et Mr le Mareschal de Themines, qui avoit intelligence dans Cossade, y tint 300 hommes en garnison et sa compagnie de gensdarmes.

Lundy 9. — Le roy part de Thonneins, va au port Ste Marye, 2 lieues.

Mardy 10 — Le roy va à Agen, 2 lieues. A nouvelle que le gouverneur du cap de Cette, autrement Montmorencelle, avoit pris un vaisseau Holandois, lequel portoit aux Huguenotz du Bas Languedocq pour armes IIII m. v c. hommes, quantité de poudres, de grenades et d'autres munitions de guerre.

Jeudy 12. — Le roy va à Valence, 4 lieues. Le gouvernement du Puimerol, place de seureté, qui ne se peult raser à cause qu'elle est sur roc eslevé, (osté à Lusignan, Huguenot) donné à Mr de Valence.

Vendredy 13. — Le roy va à Moissac, 2 lieues.

Lundy 16. — Mr de Créquy se blesse à Paris à la teste.

Mardy 17. — Le roy va à Piquecos, 2 lieues. Vit ses troupes en venant qui passèrent touttes l'eau et allèrent aprez commencer d'investir Montauban, d'où elles approchèrent de 200, 300 et 400 pas, ayant trouvé des chemins creux qui les favorisèrent, au lieu que l'on faisoit croire qu'à demie lieue autour de la ville il n'y avoit qu'une plaine fort unye. Il n'y eut que dix soldatz tuez ou blessez à ceste attaque, et M^r d'Esborein eut mousquetade bras, dont est mort. Mr du Mayne et M^r le Mareschal de Themines (qui estoit fort malcontent de ce qu'estant dans son gouvernement de Quercy, et plus antien maréchal de France que Praslain et St Géran, il n'en faisoit pas la fonction en l'armée du roy) attendoient le roy audit Piquecos, d'où ilz repartirent le soir mesme pour retourner à leur quartier à La Bastide.

Le roy envoye M^r d'Angoulesme avec la cavallerye pour empescher le passage à Mr de Rohan, que l'on disoit avoir assemblé 3 ou 4000 hommes de pied et 3 ou 400 chevaulx, affin de secourir Montauban.

Le roy receut ce jour nouvelle assurée de la mort de Mr de Carcassonne. Un de ses nepveuz estoit coadjuteur de son Evesché. L'abaye d'Userche fut donnée au beau-frère de Mr de Seaux.

Mercredy 18. — Mr du Mayne investit Montauban du costé de Villebourbon.

M[r] de .... capitaine au régiment de Picardie, blessé d'un coup de canon à la cuisse.

Jeudy 19. — Mr de Sully vient trouver le roy; cela avoit esté manié principallement par M[r] de..... Amène avec luy quelques députez de petites villes.

Vendredy 20. — Régiment de Pompadour arrive à l'armée; estoit très beau. Soldatz de 25 à 40 ans vestuz de .... par compagnies.

Samedy 21. — M[r] le Prince de Jinville, M[r] le Maréchal de St Géran, M[r] le M. de Themines et Mr Zamet, maréchaux de camp, avec les régimens de Picardie, Champagne, Navarre et Beaumont Pompadour, gangnent devant le jour une motte advantageuse où ils se logent à couvert à 150 pas de la contrescarpe environ, et 6 soldatz blessez sur la fin.

M[r] l'Evesque de Marseille meurt à Moissac de fiebvre que l'on atribue à une cheute que M[r] le Prince de Jinville luy fit faire à Thonneins en riant. — Son Evesché donné à Mr Coeffeteau; une abaye qu'il avoit en Champagne à un des filz de M[r] de St Luc, et 1 gentilhomme envoyé par le roy à la Royne sa mère pour la prier de luy donner aussy celles de Bretagne qui sont à sa nomination.

Il arrive nouvelle au roy que, Mr de Chastillon

estant sorty de Montpellier avec des troupes, Mr de Montmorency l'avoit contrainct de s'y retirer honteusement, et que Mr de .... avoit été blessé d'un coup de carabine à la main ; que, d'autre costé, Mr de Brizon estant sorti de Nismes et Uzez avec 1500 hommes et 2 canons, Mr de Montreal l'avoit chargé, tué 150 hommes et pris ses canons et des prisonniers.

Pour le siège de Montauban l'on fit 3 attaques. 1{ere}, régimens des Gardes, Suisses, Piedmont, Normandie, Chappes.

Maréchal de France, Mr de Praslain ; Mr de Chaulnes, Mr de Bassompierre, Maréchaux de camp. Aydes de camp : Le Mayne, Marsillac, Linchère. — Gamorinq conduisit tous les ouvrages.

Ingénieur, Mortier.

Mr de la Force deffend ceste attaque.

2e, Picardie, Champagne, Navarre, Beaumont, Pompadour, Arpajon.

Maréchal de Lesdiguières, Prince de Jinville, — Mareschal de St Geran.

Maréchaux de camp : Couthenan, Themines, Zamet, Marillac. Aydes de camp : La Vieuville, Machault, Corbon.

Ingénieur, Pressac.

Mr le comte Dorval deffend ceste attaque.

3e, à Villebourbon. Régimens de Suze, Ste Croix, Barrault, Lauzun, Francon. — Régiment de Thoulouze. — Depuis on y envoya le régiment de Cramail.

Mr du Mayne. — Mr le Mareschal de Thémines.

Maréchaux de camp : Mr le M. de Villars, Mr de Grandmont.

Du Vignau deffend ceste attaque.

Dimanche 22. — Les assiegez font une sortie d'environ 5o hommes pour venir empescher le travail d'un petit fossé que l'on creusoit prez de la teste de la tranchée où le régiment de Normandie estoit en garde et venoit de relever celuy de Piedmont, qui avoit repris la queue. Sarrocques, qui y commandoit, fut recevoir les ennemis, en tua 2, et en blessa un à coups d'espée, et les fit retirer ; mais en rentrant il fut tué d'une mousquetade (Mr de Belleforce, lieutenant de la compagnie de Mr de Fontenay-Mareil, a eu sa charge) ; Montigny, lieutenant de... fut aussy tué là aprez y avoir fort bien faict, et tué des ennemis à coups d'espée. — Mr de Fontenay-Mareil, entendant l'alarme, vint en pourpoint à la teste du travail, où il fit très bien, et faisant advancer de ses compagnies. Mr du Bricul, lieutenant de... fut aussy tué. Nous eusmes outre cela environ 8 ou 1o soldatz tuez ou blessez.

Mr de la Valée, commissaire de l'artillerye, fut tué ce jour là d'une mousquetade par la teste.

Jeudy 26. — Les ennemis sortirent le long d'un ruisseau creux, et, avec des crochetz de fer attachez et des cordes, acrochèrent 2 de 40 ou 50 gabions que nous avions, et les renversèrent. Ceux quy estoient derrière s'estant levez et ayant avec d'autres poursuivy les ennemis (qui s'enfuirent), il y eut 15 ou 20 soldatz des nôtres tuez ou blessez, des courtines où les ennemis s'estoient affaitez.

Vendredy 27. — Mr de Maroussan, capitaine du régiment de Normandie, ayant receu 2 jours auparavant une mousquetade à travers les maschoueres, meurt d'une apoplexie. — Fontenay, lieutenant de Sarrocques, a eu sa compagnie, et, par ce moyen, le filz de Sarrocques, qui n'estoit qu'enseigne, est devenu lieutenant.

Le baron de Rabat tué en duel auprez de Thoulouze par... Ilz se batirent 3 contre 3. Son second fut aussy tué, et le 3e blessé.

Lundy 30. — M^r le comte de Fiesque blessé d'une mousquetade à travers les reins (dont mourut comme un sainct) le lundy 6 septembre à 3 heures du matin.

Mr de Rou, capitaine au régiment de Navarre, qui avoit eu la survivance de Navarrins, tué d'une mousquetade par la teste. Fevron, son lieutenant, qui avoit esté blessé à Clérac, eut la compagnie.

M^r le Marquis de Thémines escorché à l'espaule d'une mousquetade.

M^r le Mayne escorché à la gorge d'une mousquetade.

Trompette envoyé par M^r le maréchal de Thémines aux habitans (qui sont de son gouvernement); firent assemblée de ville et respondirent qu'ilz estoient les humbles et obéissans subjectz et serviteurs du roy, mais qu'ilz ne pouvoient se séparer de l'union de l'assemblée génèralle des Églises, et le supplièrent de leur confirmer sa bonne volonté envers sa Majesté.

Mardy 31. — Le feu prend au moulin des poudres de la ville et embraze quelques maisons voisines.

SEPTEMBRE

Mercredy 1er. — Canons en batterye. Le feu prend à la batterye des gardes; 10000 livres de poudre bruslées.

Commissaire bruslé au visage et aux reins; 20 ou 25 autres, tant officiers que soldatz et autres, bruslez, dont en est mort ou mourra 7 ou 8, et Mr de Lezine entr'autres.

Le feu se prend aussi aux poudres de la batterye de Mr du Mayne, qui eut sa coiffe de cheveux bruslée. Mr le marquis de Villars bruslé, dont mourut le dimanche au soir 5e. Mr le marquis de Riberac bruslé, dont mourut le lendemain avec une constance admirable; n'avoit que 17 ou 18 ans. — 25 ou 30 autres officiers, ou autres, bruslez, dont quelques uns mortz.

Mr du Coudray blessé, prez Mr de Schonberg, d'une mousquetade qui luy cassoit le groz oz du bras et luy entroit dans la mamelle, dont il mourut le mardy 7e.

Mr de la Tournelle blessé à la cuisse d'une mousquetade, dont il mourut le dim. 19e.

Jeudy 2. — Nouvelle au roy que Mr de La Noue avoit esté pris prisonnier auprez de La Rochelle à unze heures du soir. Mr du Mayne attaque une demye lune, l'emporte, faict donner au bastion, est repoussé, et eut 15 ou 20 hommes tuez ou blessez (entre lesquelz Mr le Baron de Valencé, blessé d'une mousquetade à la cuisse, et Mr d'Estioz, son frère, d'un coup de pierre, ou 17 qui demeurèrent mortz dans le fossé, lesquelz on luy rendit le lendemain, ayant faict trefve d'une heure pour ce subject. Il y en avoit quelques uns de qualité de ceste province. Montagnac, capitaine du régiment de Barrault, avoit esté tué et emporté à l'heure mesme. Mr le Marquis de Themines, Lozières, Corbon, La..... et 3 ou 4 autres avoient donné ensemble, et faict merveilles. Mr de Valencé avoit donné avec Mr de Grandmont, mareschal de camp. L'infanterye ne fit rien qui vaille, et les capitaines ne la pouvoient ny faire advancer ny faire tirer.

Vendredy 3 — Mr le duc d'Angoulesme, qui favorisoit le siège que l'evesque d'Alby avec 500 hommes et quelques canons faisoit à la ville de..... dont il est Seigneur et tient le château qui la commande, ayant sceu que le marquis de Malauze, Mʳ de Sᵗ Rome (autresfois lieutenant de la compagnie de Mʳ le Connétable), avoient mis le feu dans le bourg de Faulx affin de contraindre les habitans qui s'estoient retirez dans l'Église de se rendre (ainsy qu'ilz firent à composition une heure auparavant que Mʳ d'Angoulesme approchast), s'en alla droict à eux avec 600 bons maîtres et fit suivre 500 hommes d'Alby. Les autres, qui estoient plus de 11ᵐ hommes de pied et environ 2500 hommes, compris la cavalerye, mirent leurs gens en ordre et les envoyoient par pelotons à la charge. Mʳ d'Angoulesme ayant pris seullement les compagnies de Mʳ de Couthenan et de Mʳ d'Elbœuf, et celle de Mʳ Arnauld et de Desplan, et laissé le reste sur le hault de la coste, à cause que les ennemis y avoient un fort gros canon, il alla attaquer ses pelotons, et incontinent aprez, les ennemis ayant vu paroistre nostre gros d'infanterye de 500 hommes (qui ne firent rien qui vaille), ilz se retirèrent derrière leurs barricades et retranchemens, où les nostres ayant esté à la charge, il y eut un très grand combat, et en demeura 254 mortz sur la place de part et d'autre. Mʳ de Lopés et son cornette y furent tuez.

Aprez ceste escarmouche, Mʳ d'Angoulesme ayant remis ses troupes en bataille et envoyé quérir du canon pour forcer les ennemis, ilz firent composition de se retirer avec armes et équipage, tambour battant et enseignes desployées, de faire serment de ne porter jamais les armes contre le service du roy, et de laisser leur canon ; ce que fut exécuté, et sortit 1900 fort bons hommes de pied, sans la cavalerye.

Ce jour Mr de Nevers part de Nevers avec le baron de Goulandre, et Mr de Beauvais sans un seul lacquais, et prend la poste pour venir à... où il avoit donné assignation pour se battre à M^r le P^{ce} de Jinville.

Samedy 4. — Mr du Mayne, sur les 5 heures du soir, fait attaquer demye lune et bastions. L'ordre estoit que 20 mousquetaires en 2 troupes conduictz par sergenz armez, favorisés d'enfans perduz, et seroient soustenuz de 200 autres, dont il y en auroit 100 sans armes qui porteroient piques, pelles, sacs de terre et autres choses, de quoy se loger et des eschelles, et puis 100 chevaulx legiers ou gens d'armes armez, et puis les volontaires, et qu'aprez le gros suivroit. Mais rien de tout cela ne fut exécuté. Car M^r le Marquis de Themines se mit en pourpoint, l'espée à la main, à la teste des 10 premiers mousquetaires, et ainsy les autres volontaires se jettèrent pesle mesle, emportèrent furieusement la demye lune, descendirent dans le fossé et plantèrent les eschelles. On dit mesme que quelques uns montèrent sur le bastion et tuèrent des ennemis à coups de main ; mais, nos mousquetaires n'ayant point donné ny personne n'ayant faict de logement, alors les ennemis reprirent cœur, et les femmes mesmes, et à coups de mousquet, de perches, de faulx, de pierres et autres armes, commencèrent à repousser les nostres. Sur cela notre infanterye se mit à fuir très laschement, et ainsy ce fut aux nôtres à se retirer. Nous en eusmes 70 ou 80 tuez ou blessez, entre lesquelz M^r le Marquis de Thermines (Mr de Lozières, son frère, eut sa charge, et M^r... le régiment de Mr de Lozières), Mr de Corbon, retirez mortz sur le champ ; Mr de la Frette demeuré mort dans le fossé, et M^r d'Estiotz Valencé blessé. — Le lendemain on fit trefve pour retirer les mortz. — Ilz nous en rendirent 28 demeurez dans le fossé, dont Mr de la Frette fut le dernier, et l'ensevelirent dans un beau drap, disans qu'ilz le vouloient traicter en homme de sa qualité.

Mr du Mayne estoit en un tel desespoir qu'il se jecta par plusieurs fois hors des tranchées pour se faire tuer, comme il eust faict sy on ne l'eust plusieurs fois retiré.

On dit que les ennemis perdirent 80 hommes, et entr'autres le Sr de Mazère, comte de Bourflan, gouverneur de la ville, auquel le peuple avoit grande créance.

On dit que les assiégez ont faict pendre le capitaine Sauvage, qu'ilz soubsçonnoient d'estre serviteur du Roy, et que à l'échelle il accusa le comte de Bouflan de l'estre aussy.

Mr de Vendosme arrive à la cour; M^r d'Elbœuf et M^r le Grand Prieur y estoient arrivez 12 ou 15 jours auparavant.

Lundy 6. — Le roy va vers la reyne à Moissac, — revient le lendemain matin.

Mr de Guise arrive à la cour.

Mr de Nemours y arrive aussy le mesme jour, comme je croy.

Mardy 7. — Mr du Mayne faict un logement où il eut 35 ou 40 soldatz et pionniers tuez; mais le logement estoit bon.

Mercredy 8. — M. le Mareschal de Praslain et Mr de Bassompierre firent faire un logement sur la contrescarpe du fossé de la Corne des ennemis, où ilz ne perdirent que trois soldatz et 5 blessez. Mr de Fontenay, ayant relevé les gardes avec son régiment, fit la nuict derrière ce logement (que les ennemis pouvoient brusler, et, en arrachant les barriques, nous laisser à découvert) un autre logement à l'espreuve du canon.

Madame la Princesse acouche à Paris d'un filz.

M^r d'Estiots Valencé meurt de sa blessure.

Jeudy 9. — Mort de Mr de Sceaux.

Monsieur, frère du roy, qui quelque temps auparavant avoit jetté un ver par le nez, et à Moissac fiebvre continue de 14 jours avec des redoublemens de 15 ou 16 heures et flux de ventre, commence à se porter mieux, et jette deux grands vers par le fondement.

Samedy 11. — M̃ le Mareschal de Praslain reçoit une mousquetade qui perce.. .... basques, chausses, chemises et..... peau du petit ventre.

Dimanche 12. — M̃ le Prince de Jinville et M̃ de Schonberg font attaquer...... avec le régiment de Picardie, dont beaucoup de soldatz furent ramenez au combat à coups d'espée par M̃ de Schonberg, qui par son extresme jugement dans le péril fut cause principallement que le logement se fit. Le combat dura 3 heures 3/4 le plus opiniastre du monde, car il y fut tiré 200 coups de canon, 8 ou x^m mousquetades et une sy furieuse quantité de pierres que jamais la graisle ne fut plus espoisse, outre tous les coups de main et les feux d'artifice. Nous eusmes 30 hommes blessez de mousquetades, entre lesquelz M̃ Zamet au bras, et M̃ de Comminges à la gorge ; il en est mort environ 18 ou 20, entre lesquelz M̃ de Pric, petit filz du Maréchal de Fervacques, et plus de 200 blessez de coups de pierre, dont il n'y en a pas 10 qui gardent le lict. — On tient que les ennemis eurent environ 60 hommes tuez et cent blessez; ilz firent le mieux qui se pouvoit. Le régiment de Pompadour y fit excellemment bien, car ses soldatz ne laschèrent pas le pied, comme le régiment de Picardie, et son premier capitaine, nommé La Roche Massenoy, ayant receu une mousquetade au bras droict, s'alla faire panser, prit son espée de la main gauche et retourna au combat, où ayant receu une autre mousquetade au bras gauche, il raporta son espée avec les dens Il y eut huit ou dix autres capitaines ou principaux officiers dudit régiment blessez. Mr de Lazenay y receut très grande quantité de coups de pierre, et Mr de la Roquimer aussy, qui fut encore blessé d'un coup de grenade.

M^r le Connestable estoit dans ce quartier là durant que l'attaque se faisoit.

Lundy 13. — Le roy envoye Mr de Vendosme avec six compagnies de gens d'armes et de chevaulx legiers, et Mr de Luxembourg avec sa compagnie de chevaulx legiers, pour s'avancer vers M^r d'Angoulesme, affin d'empescher Mr de Rohan de passer.

Mardy 14. — Les Gardes se logent dans le fossé, dont ils avoient gangné la contrescarpe le 8e.

Jeudy 16. — Le régiment de Champagne gangne un corps de gardes des ennemis, où ilz tuèrent 10 ou 12 hommes et prirent leurs armes, et fit un logement sur la contrescarpe du grand fossé, que les ennemis rendirent depuis inutile.

Mr du Mayne ayant mené Mr de Guise et Mr de Schonberg (qui avoient disné chez luy) et M^r le maréchal de Thémines vers son travail, comme ilz revenoient, il fut tiré un coup d'arquebuze à rouet dont la balle traversa le chappeau de Mr de Schonberg et alla donner un peu au-dessus de l'œil gauche de Mʳ du Mayne, qui, ayant jetté un cry, tomba, et sans avoir congnoissance quelconque mourut incontinent aprez. Durant trois heures de temps il ne fut tiré que ce seul coup, et, sy les ennemis eussent fort tiré là, ils les pouvoient tuer tous quatre.

Dimanche 19. — Le roy fut au quartier de Picardye, vit Mʳ Zamet. Ne fut aux Gardes; s'estoit fasché contre Mʳ le Connestable, disant qu'il ne voulloit qu'il allast vers Montauban, et qu'il y avoit esté luy, affin que l'on creust que c'estoit luy qui faisoit tout.

Lundy 20. — D'Esplan de retour de devers Mʳ de Rohan, où le roy l'avoit envoyé avec d'Adde (gendre d'Aubigny), sergent majeur dans Montauban et le 2ᵉ consul de la ville.

Le roy reçoit nouvelles que Mʳ de Rohan avoit faict couler mille mousquetaires qui avoient outrepassé Mʳ d'Angoulesme et s'estoient jettez dans St Anthonin, place Huguenote, à 5 lieues de Montauban. On envoye Mʳ de Luxembourg avec sa compagnie de chevaulx légiers, celles de gensdarmes de Monsieur, et celle de gensdarmes de Mʳ le Connestable; à quoy il se joinct plusieurs volontaires.

Le roy reçoit nouvelles que Mʳ d'Espernon avoit depuis peu faict un combat à La Rochelle, auquel n'ayant perdu que 5 ou 6 hommes tuez, et 7 ou 8 blessez, il en avoit tué cent ou six vingt des ennemis sur la place, et pris quelques prisonniers.

A 3 heures après midy, M^r le Prince de Jinville voulant pousser son travail jusques sur le bord de la contrescarpe du bastion qu'il veult attaquer, il fut commandé au régiment de Navarre de donner à main gauche, à celluy d'Arpajoux à main droicte. L'ordre qu'ilz prirent fut d'envoyer 2 sergens avec chacun 20 mousquetaires, 20 picqueurs et 20 travailleurs, pour donner les premiers aprez la mine, qui fit fort peu d'effet........ dans laquelle les ennemis jettèrent une grande lance à feu, et puis une seconde aprez que la première fut estaincte avec........ pour empescher que l'on ne peust entrer dans le trou; et néantmoins les soldatz avoient déjà commencé de se loger lors que les ennemis (qui au commencement croioient que l'on voulust percer la terre du fossé pour entrer dedans, et estoient 200 hommes armez de touttes pièces pour nous en repousser avec picques, halebardes, pistoletz et feuz d'artifices) venoient en nombre de 40, faisant partye des dits 200, lesquelz, voyant que l'on ne trouoit pas le fossé, crurent que l'on vouloit donc descendre de la dite contrescarpe dans leur fossé; mais, voyans que l'on ne faisoit ny l'un ny l'autre, lesdits 40 hommes vinrent la picque à la main, favorisez de mousquetaires de leur bastion et feux d'artifices, firent fuir nos soldatz et sautèrent sur les barriques de notre logement; alors Mr de Lozières (qui avoit doubté s'il debvoit quicter sa poste pour aller defendre celle de M^r d'Arpajoux, sur quoy on luy dit qu'ouy, pource que c'estoit tousjours rendre esgal service au roy, et que, celle là se perdant, la sienne se perdoit), assisté seullement de Mrs de Bressieux, Arnauld, d'Esguilly, Miranes, Mouray et du Coudray Montpensier, rentra dans le logement, fit tourner la teste à une partye des fuyars, et à coups de picques remit les ennemis dehors, et fit achever le logis en telle sorte que les ennemis ne s'y ozèrent plus présenter à coups de main. Les gentilzhommes de la compagnie de Gensd'armes du Roy, Monsieur et autres, ordonnez pour le garder, y vinrent aprez tour à tour, comme aussy les compagnies des dits 2 régimens de Navarre et d'Arpajoux, et fut blessé ou tué des nostres en ceste attaque environ 100 ou 120 hommes. Mr de Lozières et M^r d'Arpajoux eurent chacun une mousquetade au bras, et les six qui avoient suivy Mr de Lozières furent blessez de coups de grenades ou de picques, mais légèrement. Chascun dit que Mr Arnauld y avoit faict merveilles.

Mercredy 22. — On faict jouer une mine au quartier des Gardes à la Corne des ennemis, qui fit son effet au contraire, car elle se renversa sur nous; ce qui ayant mis les nôtres en quelque désordre, et des sergens avec 25 ou 30 soldatz ayant seullement donné, les ennemis, qui estoient préparez à nous recevoir, vinrent environ 250 qui repoussèrent les nostres, sortirent hors de leur corne, passèrent jusques à la teste des tranchées, allèrent au canon, aux gabions, auquels un des leur mit le feu; et desja nos soldatz commençoient à abandonner les tranchées lorsque les volontaires et Mr de la Maison, premier capitaine du régiment de Chappes, les rallia et repoussa les ennemis.

Le combat fut fort opiniastre et dura environ 2 heures à 2 h 1/2. Nous eusmes 18 ou 20 hommes tuez, entre lesquelz Mr de La Maison et Mr d'Andresud, et 50 ou 60 blessez, Mr de Praslain d'un coup de grenade au front, Mr d'Ornano (qui fit merveilles) d'une mousquetade au bras, d'un coup de picque à la cuisse et d'un coup de grenade ailleurs; Mr de Vilandry d'un coup de grenade à la main, Mr de...... d'une mousquetade au pied. Mr de Bachammes se signala, car il entreprit un des principaux des ennemis et ne le quicta point qu'il ne l'eust tué à coups d'espée; Mr de....... Mr de Saldagne, St Michel, baron de...... Mr le comte de Charny meurt de maladie à Moissac.

Samedy 25. — Mr de Valencé l'aisné blessé dans les tranchées d'une mousquetade qui luy prend dans l'espaule et luy coule le long de l'espine du dos.

Ce jour les ennemis firent une petite sortye sur une tranchée qui se conduict sur le bord du Cavany pour favoriser l'aproche de Mr le Prince de Jinville; mais ilz y perdirent un capitaine et un soldat, et nous deux simples soldatz.

M^r le Baron de Sceaux meurt environ ce jour de maladie dans l'armée.

Dimanche 26. — Desplan arrive pour la seconde fois de devers Mr de Rohan, amène avec luy Mr de Calonges, son confident, et Les Isles Maisons son secrétaire, qui parlèrent depuis en sa faveur à quelques uns de Montauban.

Ce mesme jour M^r des Bourdes, capitaine au régiment des Gardes, meurt; le roy donne sa charge à ....

Ce mesme jour, ceux de Montauban ayant mandé à M^r le Maréchal de Thémines que, s'il luy plaisoit de leur envoyer 4 ostages les yeux bandés, ilz luy en envoyeroient 4 les yeux desbandez, il leur manda qu'il en parleroit au roy. Sur cela, Mr de Russelay y fut envoyé par deux fois, mais sans rien conclure.

Sédition Paris contre ceux de la religion prétendue réformée. Ensuitte de la mort de Mr du Mayne, le peuple de Paris s'estant esmeu, et les escoliers aussy, animez, ainsy que l'on croit, par un des cadetz de Mr de la Frette tué à Montauban, les uns sortirent par la porte St Anthoine et les autres allèrent par l'autre costé de la rivière gangner Charenton, où ilz bruslèrent le temple avec quelques maisons voisines; et, comme ceux de la religion P. R. revenoient de Charenton, ceux qui estoient sortiz de Paris et (comme je croy) quelques uns de ceux cy les attaquèren en la vallée de Fescamp, en tuèrent neuf, et, sans Mr de Montbazon et autres magistratz qui survinrent, ilz eussent faict un beaucoup plus grand carnage. Entr'autres cruautez ilz tuèrent une pauvre damoiselle qu'ilz trainoient aprez par les boues.

Le lendemain quelques cocquins, plustôt par désir de pillage que par zèle, recommencèrent les mesmes violences dans le faulxbourg St Marcel et tuèrent 5 hommes ; mais, le parlement ayant faict en deux heures le procès de 4 qui furent pris, il y en eut deux de penduz et 2 qui eurent la fleur de Lys.

Le dimanche 3e octobre, M^r le Président de Mesmes, Prévost des marchans, accompagné de 50 chevaulx légiers et de quantité d'archiers, mène un ministre et tous ceux de la religion qui le voulurent suivre à Charenton, pour y faire le presche en un lieu qui leur a esté ordonné, en attendant que leur temple soit rebasty conformément à un arrest de la Cour.

Depuis on a mis le soir des corps de gardes par les rues affin d'empescher qu'il n'y eust désordre.

Lundy 27. — Mr de Chazan, secrétaire des commandemens de Monsieur, meurt de fiebvre à Moissac ; Mr de Montmorency vient voir le roy.

Mardy 28. — Monsieur de Rohan, qui est tousjours dans Castres (d'où il a faict emprisonner les consulz, qui n'estoient pas assez viollens à son gré, affin de se rendre absolument maistre de la ville), ayant il y a quelques jours choisy entre ses trouppes 1000 ou 1200 hommes, il les fit partir de Lumbez soubz la conduitte d'un nommé Beaufort, gentilhomme des .... proche parent de M^r le marquis de Portes, et l'un des plus vaillans hommes de France, et les fit couler, sans que nostre cavallerie, commandée par M^r d'Angoulesme, les en peust empescher, à cause que le pais est fort favorable à l'infanterie, jusques à St Anthonin, distant de Montauban de 5 lieues, qui en vallent 12 de France; où après estre arrivez, ilz prirent encore III^c hommes menez par Pennaveyre, gouverneur de la place, vieillard de 76 ans, lequel a une main de fer et est tenu pour un des plus déterminez hommes du monde, et vinrent par des chemins fort escarpez jusques à deux lieues de notre armée, pour se jetter dans Montauban; mais, voyant que toute notre cavallerye estoit en campagne sur les advenues et que l'on avoit mis un tel ordre dans les quartiers qui leur estoit impossible de passer, ilz se retirèrent dans la forest de La Grézine, et de là à St Anthonin, d'où on n'estimoit pas qu'ilz eussent la hardiesse de repartir pour tenter encore une fois une si perilleuse entreprise. Mais un ancien bourgeois de Montauban nommé Natalis estant allé les trouver et leur ayant représenté le besoing que les assiégez avoient de leur assistance, l'extrême conséquence de ceste place, de qui la perte tiroit après soy la ruine de tout leur party, et dont au contraire la conservation estoit capable d'arrester les heureux succez des armes du roy ; que leur honneur et leur conscience les obligeoit à se réputer heureux de pouvoir entreprendre une action si importante et si glorieuse, et que la facilité y estoit maintenant beaucoup plus grande qu'auparavant, d'autant que la cavallerie du roy, qui estoit entre Montauban et eux, avoit eu commandement de se retirer dans le quartier pour reprendre un peu d'haleyne après la fatigue qu'elle avoit eue de demeurer durant 7 ou 8 jours continuellement à cheval, toutes ces persuasions firent résoudre Beaufort, Pennaveyre et les autres chefz, d'entreprendre de .... leur secours à quelque prix que ce peust estre. Ilz partirent donc de St Anthonin avec 15 drapeaux et 12 à 1300 hommes de pied le 27 septembre à une heure après midy, viennent teste baissée à travers les plaines (qui est le chemin par lequel il y avoit le moins d'apparence qu'ils deussent passer) et arrivèrent à deux heures après minuit sans trouver résistance quelconque jusques à demye lieue de Montauban, où treize chevaux légiers de la garde du roy qui estoient débandez du reste de la compagnie les chargèrent en queue et en tuèrent et prirent quelques uns. En mesme temps, l'alarme ayant esté donnée dans tous nos quartiers, et les assiégez ayant allumé de grandz feux d'artifice sur le hault de leurs clochers (dont ils sonnèrent les cloches) et sur leurs bastions du costé qu'ilz attendoient leur secours, affin de le favoriser, celles de nos trouppes qui avoient charge de garder les avenues se mirent incontinent sur leurs armes et firent leur ordre pour combattre. Aussy tost après Beaufort et Pennaveyre, avec tous leurs gens en trois bataillons qui s'entresuivoient, fort pressez, arrivent dans un grand chemin retranché à demy quart de lieue de la ville où M^r de La Saladie et de Visgnes, cappitaine au régiment de Normandie, commandoient avec 220 hommes. Les sentinelles qui estoient advancées, ayant recongneu que c'estoient les ennemis, pour ce qu'ilz n'avoient pas le mot, firent leur décharge et se retirèrent à leur corps de garde de 12 mousquetaires, lesquelz firent aussy leur descharge de fort près et se retirèrent, et puis se jettèrent dans leur retranchement avec leur gros en disant « *Vignes* », qui estoit le mot qui leur avoit esté baillé pour les recongnoistre, de crainte de laisser entrer pesle mesle les ennemis, lesquelz vinrent comme des lyons tous ensemble dans le retranchement, environ 15 ou 20 de front (qui estoit tout ce que le chemin en pouvoit tenir). Mais les nostres les soustinrent sy courageusement qu'ilz les contraignirent de se retirer; ce qui néantmoins ne leur fit pas perdre courage : car, ayant refaict leur ordre à cent pas de là, ilz revinrent tous ensemble à la charge avec encore plus de furie qu'auparavant, donnans en mesme temps à main droicte et à main gauche, et au milieu de notre retranchement; et, ce second effort ayant été repoussé par les nôtres aussy vigoureusement que le 1er, les ennemys furent contrainctz de se retirer encore, et lors Beaufort et les autres chefs, les animans au combat, les remirent pour la 3e fois en ordre et vinrent comme demy enragez attaquer les nôtres si furieusement que plus de 20 d'entr'eux entrèrent l'espée à la main dans nostre retranchement, où ilz furent tous tuez, et le reste repoussé; ce qui leur faisant perdre l'espérance de nous forcer, une partie d'entr'eux grimpèrent à main droicte et à main gauche dans les vignes qui estoient aux costez du retranchement, affin de gangner un grand chemin qui estoit derrière les nostres, et par là se jetter dans la ville le plus tôt qu'ilz pourroient sans observer aucun ordre. Mais Mr de Bassompierre, lequel au bruict du combat, qui dura une bonne heure, s'estoit avancé en dilligence avec 400 Suisses, s'y rencontra si à propos qu'il en tailla en pièces la plus grande partie; et d'un autre costé Mr de Praville, guidon de la compagnie de gens d'armes de Monseigneur frère du roy, les chargea avec 30 maistres tellement qu'il n'en est estré dans la ville qu'environ 200, qui s'eschappèrent qui de çà qui de là, à la desbandade, dont encore la plus grande partye sont extrêmement blessez. Les derniers, qui n'estoient pas encore entrez dans les vignes, appercevant que l'on traictoit si mal leurs compagnons, se retirèrent environ six ou sept cens vers St Anthonin; mais, 400 d'entr'eux ayant esté apperceus et poursuivis par

Mʳ d'Elbène, qui commande la compagnie de chevaux légers de Monseigneur frère du roy, il les empescha de gangner les bois et les poussa dans un vallon, où ils rencontrèrent en teste Mʳ le comte d'Ayen, avec 120 ou 140 maistres, qui en tua 40 ou 50, en prit la plus grande partye et désarma tout le reste; de sorte qu'il y a environ 200 ou 250 de tuez, 300 ou 350 prisonniers, 200 entrez dans Montauban, 200 détournez à Sᵗ Anthonin, et le reste est sans aucunes armes, encore escarté deçà et delà dans les vignes et dans les bois, où les paisans et les goujatz en prennent à toute heure pour en avoir la despouille. Mais ceste action est signallée par toutes les marques qui se peuvent désirer en une deffaicte : car, outre tout ce que dessus, les nôtres ont gangné et rapporté six drappeaux au roy ; Beaufort et Penneveyre sont blessez et prisonniers ; quasy tous les autres chefs sont aussy prisonniers ou ont esté tuez ; à quoy il fault adjouster que le ministre qui les conduisoit, et se persuadoit d'estre un autre Moïse parmy les enfans d'Israel, est aussy pris avec tous ses mémoires ; et, ce qui n'est pas moins heureux et remarquable que tout le reste, nous n'avons eu que deux chevaux légiers de la garde du Roy et 4 soldatz du régiment de Normandie tuez, et 7 ou 8 soldatz du mesme régiment blessez. Le roy faict pendre quelques uns des prisonniers, donne liberté à quelques autres qui sont fort blessez, et envoye tout le reste aux gallaires. Les assiégez sont demeurez si estonnez de ceste perte qu'ilz ne respondent une seule parolle aux mocqueries dont usent nos soldatz envers eux sur ce subject, au lieu qu'auparavant ilz estoient les plus insolens du monde. Voilà au vray ce qui s'est passé en ceste occasion.

Le mesme jour de ceste deffaicte, 28 septembre, Mr de Montmorency est arrivé en l'armée avec 3200 fort bons hommes de pied.

M^r le Marquis de Villeroy avec un régiment de 10 compagnies, duquel il y avoit 12 à 1300 hommes fort bien armez, et mousquetaires avoient mandilles rouges.

Mercredy 29. — Mr de Marillac, le filz, maître des Requestes, meurt de maladie à Lafrançoize.

Jeudy 30. — M^r d'Artigues, l'un des meilleurs capitaines du régiment de Piedmont, desjà vieil, mais très ambitieux d'honneurs, est blessé à une jambe d'un grand coup de grenade.

Environ ce jour, M^r d'Ambrois, mareschal de camp, en l'attaque de feu Mr du Mayne, blessé d'une mousquetade à travers la cuisse.

OCTOBRE

Vendredy 1er.

Mercredy 6. — M^r le Connétable va à Reynié, à 4 lieues de Piquecos : y pensoit trouver Mr de Rohan ;

mais il ne s'y trouva pas, et Desplan luy manda qu'il avoit esté retenu un jour par ceux de Castres, mais que le lendemain sans faulte il s'y trouveroit. Le lendemain Mr le Connétable y envoya Mr de Comtade.

Vendredy 8. — Mr le Connétable va à Reynié, où il donne à disner à Mr de Rohan, qui y vint luy 12e. Mr le Connétable avoit 200 chevaulx ; — parlèrent 5 heures seul à seul, et puis Mr de Chaulnes et Mr de Russellay y furent. Ne se peurent accorder, car Mr de Rohan insista sur traicté général. On tient que Mr le Connétable luy offrit gouvernement de Guyenne et charge de grand maître de l'artillerie. On avoit parlé aussy de luy bailler Castres, Puy Laurens etc......... et qu'il licentiast ses troupes, et ne se meslast de Montauban. Il y avoit aussy quelqu'autre traicté sur le tapis pour les places du Languedocq, pour lesquelles on dit que Mr le Connétable estoit comme résolu de donner parolle qu'en rasant touttes les nouvelles fortiffications le roy n'y .... rien, si ce n'est pour citadelles, qu'ilz convenoient de faire en certains lieux. Mr le Connétable, partant assez tard d'avec Mr de Rohan, laissa Mr de Blainville pour voir s'il pourroit renouer quelque chose avec luy ; ce que l'on interpréta à deffaveur à Mr de Roucellay, qui avoit esté en toutte la précédente négociation, et à faveur à Mr de Blainville, que l'on tenoit fort mal auparavant avec Mr le Connétable ; lequel il vint trouver à minuit, et l'entretint deux heures seul à seul. Le lendemain matin on tint conseil sur ce qui s'estoit passé.

Dimanche 10. — M^r le Mareschal de Thémines fit jouer une mine à 2 heures aprez midy, qui fit un très bon effect, et se logea sur la ruine avec perte de huict ou dix hommes seulement, et de plus grand nombre des ennemis, lesquelz à la nuict fermée firent quicter le logment aux nôtres, et puis furent contraincts de le quicter eux mesmes. Mais le lendemain, à 4 heures du matin, la plus part de nos soldatz estans assoupis à cause du travail et de la lassitude de la nuict, ilz sortirent environ 500 hommes, dont les 50 ou 60 premiers estoient armez de toutes pièces, gangnèrent le logement, une partye des tranchées, mirent le feu à un demy caque de poudre, et bruslèrent l'affust d'un des canons de la plus proche batterye, où ilz estoient prests de faire un fort grand ravage, lorsque M^r le maréchal de Thémines, suivy de quelques gentilzhommes, et M^r le comte de Cramail avec son régiment, les chargèrent sy furieusement qu'ils les ramenèrent battans dans leur retranchement, et regangnèrent jusques à un poulce de terre de tout ce qu'ilz nous avoient faict quicter. On ne sçauroit sçavoir au vray la quantité d'hommes qu'ilz y perdirent, car ilz en emportoient la plus part en se retirant. Nous y en eusmes environ 40 ou 50 de tuez, entre lesquelz M^r le vicomte de Boscq, neveu de M^r le Maréchal de Thémines ;

Mr de François, maître de camp (très brave gentilhomme); l'enseigne de sa compagnie, quelques autres officiers et Mr de Monbetou. Mr de Barrault receut une fort grande mousquetade au bras; Mr le comte de Cramail un coup de picque au front qui n'est rien; le vicomte d'Arpajou une mousquetade à l'espaule qui n'est perilleuse. Mr de Broully eut un fort grand coup de pierre à la joue, et quelques autres légèrement blessez. Mr de Bressieux y fit très bien et ne fut point blessé.

Mr de Fonvilles, capitaine au régiment des Gardes, extrêmement vaillant, tué d'une mousquetade en faisant un logement dans une petite barricade qu'il avoit gangnée. — Son filz avoit sa survivance.

Le roy envoya à Mr de Pigeolet, lieutenant coronel du régiment de Champagne, par Mr Galeteau, la commission de capitaine du régiment des Gardes qu'avoit Mr des Bourdes, et luy mande qu'il n'avoit l'obligation de ce choix qu'à luy.

Dimanche 17. — On fait 3 attaques contre Montauban en mesme temps; du costé de Mrs de Praslain et de Thémines, on fit jouer des mines sur lesquelles les nôtres se logèrent. Du costé de Mr le Maréchal de Lesdiguières, on se logea sur la contrescarpe aprez une grande batterye de canons qui ne produisit pas l'effect que l'on esperoit. En une attaque, Mr le comte Miolans, frère de Mr de St Chaumont, fut tué, Mr du Plessis de Civray un peu blessé; quelques officiers du regiment tuez, 30 ou 40 soldatz, et nombre de blessez.

NOVEMBRE

Mercredy 17. — Le roy arrive à Thoulouze. Le parlement luy parla fort hardiment. M⁺ le Président de ..... en l'absence ou maladie des 2 autres présidens, porta la parolle. M⁺ le Connestable s'en offencea fort.

Le roy, estant à Thoulouze, reçoit nouvelles que, M⁺ de Leyran assiégeant Vareilles en Foix, avec 3000 hommes ou environ, qu'il commandoit pour M⁺ de Rohan, M⁺ de Sᵗ Amand et quelques autres gentilzhommes catholicques du pays, ayant ramassé 100 ou 200 chevaux et 3000 ou 4000 hommes des communes, leur présentèrent le combat, les contraignirent de se retirer, les chargèrent et en tuèrent 4 ou 500.

Le roy reçoit aussy nouvelles de la mort de M⁺ de Boisse Pardaillan, qui estoit sur le point de se faire catholique et d'estre maréchal de France. Il estoit mal avec M⁺ de Theobon, son gendre, avec lequel M⁺ˢ le marquis de Mirambleau, son filz aisné, et M⁺ ..... son cadet, s'entendoient; et M⁺ de Pardaillan estant dans sa maison à... et faisant la nuict fer-

mer les portes, il apprit que Mrs de Mirambleau et
...... estoient descenduz par une fenestre avec des
draps; en mesme temps il monte à cheval, va à Monheur (où il se doubtoit qu'ilz estoient allez), vient à
la porte, la trouve fermée avec barrière, se jette dans
le fossé, se faict grimper au coin de barrière, où le
sergent majeur ne luy voulut jamais ouvrir qu'il ne
luy promist la vye. Mirambleau s'enfuit à Mirambleau et ..... à ..... Mr de Pardaillan voulant asseurer
en l'obéissance du roy une petite ville nommée Gensac (on dit qu'il avoit receu leur... au nom du corps
de ville), il s'y en va luy 4 ou 5e, et, arrivant tard,
couche au faulxbourg. Un nommé Sérignac, son ennemy, lequel pouvoit tout dans la place, ayant ramassé 25 ou 30 hommes, estoit monté à cheval pour
l'aller charger en chemin, et, l'ayant mancqué, vint sur
les 10 heures du soir à l'hostellerye où il logeait...

Le roy envoye Mr de Bassompierre avec... investir
Monheur, ce qu'il fit, et y devint fort malade.

Dimanche 21. — Entrée du roy à Thoulouze. —
M^r le Connestable portoit l'espée nue devant luy,
Monsieur marchoit immédiatement aprez le roy. On
avoit proposé de faire marcher entre deux le grand
chambellan et le capitaine des Gardes, mais il se
trouva par les registres de l'hostel de ville et painture que cela n'avoit esté pratiqué qu'aux anciennes
entrées. Quelques du parlement quasy tous vieux.

Le roy part de Thoulouze, va coucher à Grenade,

... lieues. — Le mercredy à Beaumont, ... lieues. — Le jeudy à..., ... lieues. — Le vendredy 26 à Nérac, ... lieues.

Dimanche 28. — Le roy part de Nérac et arrive à Longueville prez Monheur.

Lundy 29. — On mist le canon en batterye.

Mardy 30. — Mr de Luxembourg alla à la guerre avec 500 chevaulx, 10 compagnies des Gardes et 15 de Piedmont.

DÉCEMBRE

Mercredy 1er. — On commence à battre Monheur avec 17 canons, et le lendemain la batterye dura jusques au soir.

Vendredy 3. — Mr le Connestable tombe malade de pourpre, et meurt le 15e.

On eut nouvelle que la compagnie de gens d'armes de Mr le Connestable avoit esté desfaicte par Mr de Théobon dans un village nommé Gontault, proche de Ste Foy. — Il y en eut xi de tuez, 5 de prisonniers et quantité de chevaux et de bagage pris.

Dimanche 5. — Les ennemys firent une sortye de dedans Monheur, tuèrent un lieutenant d'une compagnie du régiment de Grignant et 5 ou 6 soldatz.

Lundy 6. — Mr de Luxembourg deffaict 60 hommes des troupes de Mr de Chambry dans un hameau proche d'un village nommé Pellegou, où estoit Mr de Montpouillan avec tout le reste des troupes. Il y eut 58 des ennemis tuez, nous y perdismes Mr de Clermont, parent de Mr de Roquelaure, et le François, capitaine de carabins, et 2 soldatz.

Mardy 7. — Ceux de Monheur firent une sortye en plein jour et tuèrent un capitaine.

Vendredy 10. — M^r le marquis de Themines (cy devant Mr de Lozières) blessé d'une mousquetade qui luy rompoit la cheville du pied, dont il mourut à Bourdeaux le 24 Décembre. Mr de Mazargues eut sa charge de grand escuyer de Monsieur en baillant xiiii^m à la vefve. — M^r de… eut le régiment de Navarre.

On fit jouer deux mines et donner deux assaultz par les gardes, qui ne firent rien qui vaille, et Navarre, qui fit très-bien. Les ennemis, mais principallement les femmes, firent très bien. Les nostres se logèrent sur les bastions. Nous y eusmes environ 20 hommes tuez et 50 ou 60 blessez. Les ennemis perdirent entr'autres le capitaine La Broue, très brave homme. Le combat dura depuis 3 heures aprez midy jusques à la nuict.

Samedy 11. — Les ennemis, qui n'estoient pas plus de deux cens hommes de combat, se voyans perduz, capitulèrent de sortir le baston blanc à la main, sans emporter aucune chose, le pillage estant donné aux soldatz; ce qui fut exécuté le lendemain. — On mena environ 400 femmes en deux bateaux à Thoneins. — M^r le Mis de Mirambleau fut blessé durant le siège d'une mousquetade à la joue. Dalmans, son frère, le vicomte de Castelz et 20 ou 25 gentilzhommes sortirent avec luy. Il y avoit pour plus de 11^c m. livres de bien en bled ou en autres choses dans Monheur.

Lundy 13. — Il arriva une très grand alarme au quartier du roy sur les deux heures du soir. Le roy tesmoigna en ceste occasion un extresme courage, disant qu'il vouloit mourir là avec son régiment des Gardes et ses Suisses. Il se trouva que c'estoit des soldatz qui s'estoient battus dans Monheur pour du vin.

Mercredy 15. — M^r le Connestable meurt à 3 heures après midy.

Le roy va coucher à Damazan au partir de Longueville.

Vendredy 17. — Le roy couche à Casteljaloux, le 18 à Bazas, le 19 y sejourne, le 20 couche à Praignac et le mardy 21 arrive à Bourdeaux.

Vendredy 24. — Le Roy faict prester le serment de Garde des Sceaux à Monsieur de Vic, auquel il avoit déclaré sa volonté sur ce subject le soir auparavant.

Excellens capitaines des vieux régimens mortz ou estropiez en ceste guerre de 1621, jusques à la fin du siège de Montauban :

Picardie... { Lazenay / St Quentin } mortz.
{ La Mothe Sérillac / Laserre } estropiez.

Navarre... { Los / Baradas } mortz.

Piedmont.. { Le Breuil, mort. / Lartigue, estropié.

Champagne.. B. de La Vardin, mort.
Normandie.. Sarrocque, mort.
Chappes.... La Maison, mort.

Munitions consumées en ceste guerre jusques à l'arrivée du Roy à Bourdeaux :

Poudre g. grenée... 728 milliers.
Poudre m. grenée... 133.170 livres.
Mèche ... 202.520 livres.
Plomb. ... 271.990 livres.

Coups de canon tirez :

A St Jehan. . 8.000 coups.
A Clérac . . 2.000 —
A Montauban. 14.000 —
A Monheur . 2.000 —
_____
26.000

TIRÉ A VINGT-CINQ EXEMPLAIRES
PAR D. JOUAUST, IMPRIMEUR

A PARIS

Novembre 1891

JOURNAL INÉDIT
DE
ARNAULD D'ANDILLY
(1622)

JOURNAL INEDIT

DE

ARNAULD D'ANDILLY

JOURNAL INÉDIT

DE

ARNAULD D'ANDILLY

1622

PUBLIÉ D'APRÈS LE MANUSCRIT AUTOGRAPHE

PAR

EUGÈNE HALPHEN

PARIS

CHAMPION, LIBRAIRE-ÉDITEUR

Quai Voltaire, 9

1898

A BERTHA EUGÈNE HALPHEN

7 Décembre 1898

Le Journal d'Arnauld de l'année 1622 est presque entièrement consacré à des faits d'armes. Arnauld, premier commis des finances suit le Roi dans la guerre contre les protestants du midi, il est par sa position bien renseigné et n'inscrit que ce qu'il sait de source certaine. Ce n'est pas un récit de la campagne, il dit dans ses mémoires qu'il ne mentionne pas les événements selon leur importance, mais seulement ceux dont il voulait conserver le souvenir. Il écrit pour lui et pour ses enfants; ce sont des notes prises jour par jour qu'il n'a pas la volonté de rédiger.

Par l'état moral d'Arnauld, honnête et pieux, nous pouvons juger l'état moral de ses contemporains. Il assiste à une guerre nécessaire, car les protestants se constituant en une sorte de République fédérale annulaient l'autorité royale dans les pays de leurs cercles, mais soit que le Roi ait voulu rétablir par la crainte son autorité méconnue, soit qu'il fût poussé par Condé et d'autres ennemis des protestants, cette guerre est cruelle. On ne trouve pas, dans le journal, un mot de pitié au spectacle des villes rasées, brûlées, pillées, et ce qui est horrible, c'est que le pillage accordé et légal comprend le viol des femmes et des filles livrées à la brutalité des soldats, qui lorsqu'ils ont fait trop de prisonnières les cèdent ou les vendent aux camarades moins heureux. *Négrepelisse pris*, dit le P. Griffet, *tous les habitants furent passés au fil de l'épée sans distinction d'âge et de sexe. On arracha les enfants du sein de leur mère pour les égorger à leurs yeux; les femmes et les filles furent abandonnées à la brutalité des soldats, tout fut pillé et saccagé et l'on finit par mettre le feu aux maisons qui furent toutes réduites en cendres en une seule nuit.*

Le soulèvement des protestants est dû à deux sentiments très différents. La bourgeoisie et le peuple défendent l'exercice de leur religion, les seigneurs agissent par intérêt pour augmenter leur pouvoir et leurs fortunes. La prompte attaque du Roi les surprend. Ils n'ont pas d'armée, chacun ne dispose que de ses forces, et dès le début, Soubise un chef du parti protestant, quoique posté dans une position avantageuse, à l'apparition de l'armée royale s'enfuit vers ses vaisseaux, laissant sans ordres ses soldats qui sont tous massacrés de sang-froid.

A l'attaque des ponts de Cé, en 1620, la noblesse malgré ses promesses avait abandonné la Reine mère, les troupes lui restant fidèles. *On vit alors*, dit Richelieu dans ses Mémoires, *force résolution des capitaines et soldats particuliers, mais entre les grands, plusieurs témoignèrent de l'étonnement, et cet étonnement fut suivi d'un succès conforme : car, presque sans aucune résistance, tous les retranchements furent emportés, les barricades forcées et la ville prise ;* et il donne la raison de cette défection :

Ceux qui combattent contre une puissance légitime sont à demi défaits par leur imagination ; les pensées qui leur viennent, qu'ils ne sont pas seulement exposés au hasard de perdre la vie par les armes, mais qui plus est, par les voies de la justice s'ils sont pris, leur représentant des bourreaux en même temps qu'ils affrontent les ennemis, rendent la partie fort inégale, y ayant peu de courage assez serrés pour passer par dessus ces considérations, avec autant de résolution que s'ils ne les connaissaient pas.

La crainte du supplice a pu être une cause de la désertion de la noblesse, mais la faiblesse de la défense des seigneurs protestants, en 1622, tient, je crois, à d'autres raisons. Ce n'est pas l'intérêt général qui avait mis les armes aux mains des seigneurs, mais leurs intérêts particuliers. Chacun était disposé à accepter un traité avantageux, et jugeant par lui-même les autres, craignait de ne pas être soutenu. Si les villes assiégées ont résisté, c'est que les habitants n'avaient pas d'arrière-pensées d'argent ni de bénéfices; ils combattaient pour leurs croyances.

Arnauld a bien connu cette disposition des seigneurs prêts pour un bon profit à mettre bas les armes, il transcrit dans son journal le projet du traité avec La Force ; ces marchandages ne le choquent pas, il ne laisse paraître aucun signe de réprobation. Il lui semble naturel, si la récompense est grande, après avoir soulevé le peuple, de le livrer à la vengeance du Roi. Le manque d'humanité d'un membre de la sainte et grande famille Arnauld surprend péniblement.

Mais cette blâmable indifférence est une garantie de la véracité du journal. L'auteur assiste en témoin désintéressé aux événements qui se passent sous ses yeux, et ses notes recueillies sans parti pris nous donnent des renseignements certains.

Arnauld dit dans ses Mémoires : *J'ai un journal très exact de tout ce qui est venu à ma connaissance*, j'espère être agréable aux curieux de l'histoire en leur offrant la partie de ce journal comprenant l'année 1622, publiée d'après le manuscrit autographe avec tout le soin dont je suis capable.

JOURNAL INÉDIT

DE

ARNAULD D'ANDILLY

1622

JANVIER

Sam. 1. — M. de Crequy[1] faict le serment de mareschal de France à Libourne.

Lund. 3. — Le roy va à Guîtres[2] ; 2 lieues.

Mard. 4. — Le roy va à Montguyon, où M. de Montbazon le vient trouver ; 5 lieues.

---

1. Charles de Créquy et de Canaples, Prince de Poix, Duc de Lesdiguières reçut le bâton de maréchal le 27 décembre 1621, à Bordeaux (P. Anselme VII. 462). Mourut d'un coup de canon le 17 mars 1638, au siège de Bresne (P. Anselme IV. 291).

Il était deux fois gendre de Lesdiguière, ayant épousé, le 24 mars 1595, Madeleine de Bonne, fille de Lesdiguières et de Claudine Berenger, sa première femme, et le 13 décembre 1625, Françoise de Bonne, fille de Lesdiguières et de sa seconde femme, Marie Vignon.

Moreri le fait maréchal en 1622 (IV, 240). Il confond le serment et la donation du bâton.

2. Voy. Heroard (T. II. 268, Journal), sur l'enfance de Louis XIII, publié par Soulié et Barthélemy, in-8°, 2 vol. 1868, Didot.

Merc. 5. — Le roy va à Barbezieux[1]; 4 lieues.

Jeud. 6. — Le roy va à Chasteauneuf[2], 3 lieues, où M. le Prince de Jinville, M. de Vendosme et M. de La Rochefoucauld[3], le viennent trouver.

Sam. 8. — Le roy va à Aigue; 6 lieues.

Dim. 9. — Le roy va à Villefagnan, 3 lieues. Sa Majesté donne le gouvernement de Poictou[4] à M. le comte de La Rochefoucault, vaccant par la rébellion de M. de Rohan, à condition de remettre le gouvernement de Poictiers et que les fortifications de Lusignan seroient razées.

Lund. 10. — Le roy va à Sauzay, 3 lieues; le 11 à Couhé[5], 4 lieues; le 12, à Vivonne[6], 3 lieues.

---

1. Heroard (II, 268)

2. Heroard (II, 268).

3. François V⁰ du nom, fils de François, comte de La Rochefoucault et de Claude d'Estissac. Premier Duc de La Rochefoucault, Pair de France, Prince de Marsillac, Gouverneur du Poitou du Chatelleraudois et Lodunois, par provisions du 5 février 1622, le Roi l'y traite de cousin, Chevalier des ordres le 3 décembre 1619, créé Duc et Pair en avril 1622. Né le 5 septembre 1588, il mourut le 8 février 1650.

Le Roi par lettres données à Niort en avril 1622, érigea en Duché-Pairie la terre et Comté de La Rochefoucault, mais par l'avènement de Richelieu au ministère, les lettres ne furent vérifiées que le 4 septembre 1631, et le serment prêté le 24 juillet 1637. (Le P. Anselme IV, 414 donne les pièces de l'érection.)

4. Bassompierre III, 12, Journal publié par le marquis de Chanterac pour la Société de l'Histoire de France, in-8° 1875, Renouard.

5. Couhé Verac, arrondissement de Civray, à 37 kil. de Poitiers.

6. Au confluent de la Vonne, du Clain et du Palais, à 20 kil. de Poitiers.

De Couhé à Vivonne il y a deux lieues. Bassompierre (III, 12) donne la raison de la lenteur du voyage du Roi : « Il arriva le lendemain que le Roy ne fit qu'une « poste en sa journée, de quoy nous estions tous marris, pour voir que ces Mes- « sieurs faisoient exprès retarder le Roy de venir à Paris, pensant avec le temps « empiéter l'autorité avant qu'il eut veu la Reine sa mère et les vieux ministres. »

Par « ces Messieurs » Bassompierre entend Chombert et le Prince de Condé.

Jeud. 13. — M. de La Chastegneraye[1] ayant refusé la lieutenance du bas Poictou, le roy la donne à M. de Brassac[2] avec celle du hault Poictou.

Le roy donne à M. de St-Georgue le gouvernement de Poictiers.

Dim. 16. — Le roy va à Chastelleraud où M. de Brassac faict son serment. La nouvelle arrive de la prise de M. de Humière, qui revenoit malade de Letoure, par la Mothe St-Surin qui luy donna sa rançon aprez l'avoir faict juger de bonne prise.

Lund. 17. — Le roy va à Ste-More, d'où M. de Vendosme part pour aller assiéger Vezins dont le gouverneur avait faict difficulté de remettre la place entre les mains de l'exempt que le roy y avoit envoyé suivant son traicté, mais il n'y avoit que vingt cinq ou trente hommes et voyant arriver M. de Vendosme, il se rendit, et le roy ordonna que la place seroit razee.

Mard. 18. — Le roy va à Tours et le lendemain à Amboize[3].

Merc. 19. — M. de Soubize met pied à terre, prend

---

1. Charles de Vivonne, Baron de la Chastegneraye, fait chevalier des Ordres en 1619, cinquième fils de Charles de Vivonne. Pour le partage de la lieutenance, Voy. Bassompierre, III, 12.

2. Jean de Galard de Bearn, Comte de Brassac, fils de René de Galard de Bearn et de Marie de la Roche Beaucourt.

Pourvu d'un régiment des enseignes, gouverneur de Saint-Jean-d'Angeli, lieutenant général au gouvernement de Poitou. En 1632, maréchal de camp, ambassadeur à Rome. Chevalier du St-Esprit, gouverneur de la Lorraine, en 1640 surintendant de la maison de la Reine. Il mourut le 14 mai 1645.

3. Heroard, II, 268.

Saugeon par composition, et puis alla prendre Mornac. Sur cela, M. d'Espernon qui estoit en Poictou estant revenu en Xaintonge, M. de Soubize laissa Saugeon[1] et se retira sur ses vaisseaux d'où il vint faire une descente en Bas Poictou, prit La Chaulme, pilla les Sables-d'Olonnes[2] et Lusson ensuitte, quelque temps auparavant que le roy vint en Bas Poictou.

Jeud. 20. — Le roy va à Blois, où M. de Longueville et M. de Fronsac arrivent le lendemain.

Le roy envoye un courrier exprez à Rome pour faire instance d'un chapeau pour Mr de Lusson[3].

Dim. 23. — Le roy part de Blois, va à Saint-Laurent, le 24 à Orléans, le 25 à Thoury, le 26 Estampes et le 27 à Lougjumeau.

---

1. Richelieu, Mémoires Ed. Michaud et Poujoulat, I, 262.

2. Mercure Français, VIII, 530 : « Ceux des Sables composent avec luy pour « n'estre pas pillés, de luy donner 20,000 escus, nombre de pièces de canon de fer « et trois vaisseaux, ce qu'il reçut, mais y estant entré avec ses troupes, elles ne « laissèrent d'y piller deux heures durant, de quoy les habitants s'estant plains à « luy, je leur avais, dit-il, promis le pillage auparavant vostre composition. »

3. Selon Monglat, p. 15, Ed. Mich. et Pouj., 3e série, T. V : « Le Roi qui « n'aimait pas Richelieu avait cependant consenti à son élévation au cardinalat par « le traité qu'il avait fait au Pont de Cé avec la Reine sa mère. »

Brienne (Mémoires), Michaud et Poujoulat, 8e série, III, p. 19 : « Ce fut alors « que l'on crut la parfaite réconciliation de la mère et du fils et que l'on reconnut « que l'évêque de Luçon avait beaucoup de crédit sur l'esprit de la Reine mère, « car en exécution du traité il écrivit au Pape pour avoir un chapeau de cardinal « pour l'Archevêque de Toulouse, et il obtint ensuite qu'on ferait pour lui la « même demande à Sa Sainteté. On loua beaucoup la modération de l'évêque de « Luçon d'avoir consenti que l'archevêque de Toulouse passât le premier. »

Pour les négociations à propos de ce chapeau, voy. Zeller (Berthold) *Richelieu et les ministres de Louis XIII, de 1621 à 1624*, in-8°, 1880, Hachette, p. 108 à 123.

Pour ce qui concerne la jeunesse de Richelieu, voy. le beau livre de M. Gabriel Hanotaux : *Histoire du Cardinal de Richelieu*. Malheureusement cet ouvrage s'arrête à l'année 1614.

Vend. 28. — Le roy arrive à Paris[1]. On fut au-devant de luy en armes. Il entra fort paré, suivy des principaux seigneurs de la cour, alla descendre à Notre-Dame, d'où il monta en carrosse. Les reynes le furent voir passer en la rue Saint-Jacques.

Le roy donne ce jour-mesme à M. le prince de Jinville le logement que M. de Luxembourg avoit dans le Louvre.

Dim. 30. — Le roy donne à M. de Chaulnes le gouvernement d'Amyens[2]; et ce mesme jour ou le lendemain luy fit dire et à M. le Grand Prevost de Modène qu'ilz n'entrassent plus au conseil des despeches.

Lund. 31. — Le roy donne à M. de Paloiseau[3] le gouvernement de Calais ; à M. de Beaumont, qui estoit dans Quillebœuf, le gouvernement de La Fère. Quelque temps aprez donna à M. de Préaux le gouvernement

---

1. Le 28 janvier, vendredi, selon Heroard, II, 269, Richelieu, I, 258 et le Merc. fr. VII, 941 ; le 27 selon la note de M. de Chanterac : Bassompierre III, 12, le 22 selon le P. Griffet : *Histoire de Louis XIII*, I, 331.

2. 1° P. Griffet, 1, 331 ; 2° Fontenay-Mareuil, Ed. Mich. et Pouj., p. 165 : Honoré d'Albert, seigneur de Cadenet était devenu duc de Chaulne par son mariage avec Eugénie, fille du baron de Pecquigny Vidame d'Amiens. Les trésors du connétable de Luynes étaient dans la citadelle d'Amiens. Voy. Zeller (B.) *Le Connétable de Luynes, Montauban et la Valteline*, in-8°, 1879, Didier, Paris, p. 134.

3. Claude de Harville, seigneur de Paloiseau, baron de Noinville, conseiller d'Etat, capitaine de 50 hommes d'armes, gouverneur de Compiègne et de Calais, mort le 21 janvier 1636. Il était fils d'Esprit de Harville, seigneur de Paloiseau et de Catherine de Levis.

de Ham ; la capitainerye des Thuilleryes à M. de La Ville aux Clercs[1] ; le 3ᵉ mars, le gouvernement d'Amboise à M. de Thoiras ; Boulongne à M. d'Aumont[2].

Ce mesme jour, Mʳˢ du Parlement, Chambre des Comptes et Cour des Aydes de Rouen estant venuz demander au roy par M. le 1ᵉʳ président de Riz, qui portoit la parolle, le razement de Quillebeuf, Sa Majesté luy respondit qu'elle l'avoit désja résolu[3]. Le roy faict une déclaration qui a esté vérifiée au parlement de Rouen, portant que tous ceux qui entreprendroient

---

1. Henri de Lomenie, fils de Henri-Auguste de Lomenie, seigneur de la Ville-aux-Clercs, secrétaire d'Etat, et de Anne Aubourg. Mort le 5 novembre 1666. Saint-Simon, Ed. Boislisle, in-8°, Hachette. T. XI, page 473.

« M. de Lomenie eut tous les emplois de son père et sa survivance de secrétaire « d'Etat, en 1615, qu'il n'avait que 19 ans. Il eut, en 1622, la capitainerie des Tui-« leries et fut ambassadeur en Angleterre en 1624. »

Sᵗ Simon donne d'importants détails touchant ses charges et son mariage.

2. 1° Merc. fr., VIII, 534 ;

2° P. Griffet, I, 331 : « Le maréchal de Chaulne obtient le gouvernement « d'Amiens en payant 50,000 escus au Prince de Condé. »

3° Fontenay-Mareuil, 165 : « Hors M. de Beaumont qui eut Boulogne, tous « les autres choix furent fort condamnés et principalement celui de M. de Paloiseau « pour Calais qui eust peut estre été bon autrefois, mais que l'âge avait rendu « tout à fait incapable, comme aussi celuy de M. de Chaulne pour la citadelle « d'Amiens, car il avoit si peu servy et receu tant d'autres grâces qu'il semblait « tout à fait hors de propos qu'il eust encore celle-là. Quelques uns disoient qu'il « en avoit donné 20,000 escus à M. le Prince. »

3. Merc. fr. VII, 942 : « Le Roi les prévint d'une bonté toute royale, je sais « bien ce que vous me voulez dire, vous me voulez demander le razement de « Quillebeuf, je vous dis que j'ay résolu de faire abbatre, non pas seulement les « fortifications de Quillebeuf, mais toutes les petites places qui se trouveront « en mon Royaume n'estre frontières : Tellement qu'au lieu de supplications, « lesd. députés commencèrent leur harangue par des remerciements de sa bonté, « et la finirent par des vœux et prières de prospérité. »

Malgré les protestations et la résistance des habitants de Quillebeuf les fortifications furent démolies. P. Griffet, I, 334.

jamais de fortifier Quillebeuf seroient reputez criminelz de lèze-majesté.

Ce mesme jour le roy prie la Reyne sa mère d'assister à tous ses conseils[1], ce qu'elle a faict depuis en plusieurs...[2]

FÉVRIER

Jeud. 17. — M. de Blainville[3] faict le serment de la charge de 1er gentilhomme de la Chambre qu'il avoit acheptée de M. de Candolles.

M. de Challais faict le serment de la charge de maistre de la garde robbe qu'il avoit acheptée de M. de Blainville IIII^{xx} xv m. livres.

Dim. 20. — La Reyne, sans en avoir parlé au Roy, faict dire à M. Le Sercq qu'il se retire à Paris, faict prier[4]..... par..... de suplier le roy de trouver bon qu'elle ne s'en servist plus. C'est Mad^{lle} de Verneuil[5] qui l'avoit ruiné auprez de la Reyne, et Madame la

---

1. P. Griffet I, 332, Richelieu, 1, 259.
Pour la situation de la Reine mère dans le Conseil, voy. Zeller. *Richelieu et les ministres de Louis XIII de 1621 à 1624*, chapitre premier.

2. En blanc dans le manuscrit.

3. Jean de Varigniez, seigneur de Blainville, Conseiller d'Etat, premier gentilhomme de la Chambre, maitre de la garde robe, lieutenant au gouvernement de Caen, ambassadeur en Angleterre, mort le 28 février 1628.

4. Blancs dans le manuscrit.

5. Gabrielle Angélique de Bourbon, fille de Henriette d'Entragues et de Henri IV, née le 21 janvier 1603, mariée à Bernard de La Valette, Duc d'Epernon le 12 décembre 1622 morte le 29 avril 1627.

Connestable l'avoit abandonné. M. Molier poursuivit la charge pour son filz. On dit qu'outre les L m. livres de recompence ordonnez à M. Le Sercq, Mad^lle de Verneuil avoit L m. livres et un nommé Petit, qui est à elle, mille pistoles. Le 9ᵉ Mars, le Roy voulut que M. de Beauclerc eust ceste charge en baillant L m. livres à M. Le Sercq qui n'en a point voulu.

M. le Baron de Luzignan[1], ayant assemblé quelque huict cens hommes de guerre, soulz prétexte du mariage de sa fille avec le filz de M. de Moncanp, petarde Clérac et le prend[2].

M. d'Elbeuf ayant assiégé La Force[3] et M. de La Force

---

1. François de Lusignan (le Baron).
Servit sous les ordres de Henri de Navarre, est fait prisonnier à Coutras, ne se signale par aucun exploit militaire, c'est dans les assemblées politiques que ses talents trouvent à s'exercer. C'est un vilain caractère. Gouverneur de Puymirol, il vend la place au Roi, n'ayant pas été payé il se rejette dans le parti protestant, prend Clairac le 21 février 1622 dont l'assemblée de la Rochelle lui donne le commandement, et vend la place au Roi moyennant 50,000 livres et restant gouverneur. Voy. Hang. France protestante, VIII, 130.

2. 1º Laforce (Mesmoires in-8º, 4 vol. 1843, Charpentier, T. II, 179) ; 2º Merc. fr., VIII, 452-459, donne les détails de cette affaire, mais on n'y voit pas le prétexte de mariage dont parle Arnauld.

3. La Force (Mémoires, T. II, 169-177) : « M. d'Elbeuf leva le siège : la mai-
« son fut incommodée d'un pavillon qui fut entièrement ouvert de 400 coups de
« canon et de quelques coups perdus dans les croisées, dans les toits et dans les
« cheminées; les écuries et granges brûlées, et soixante maisons dans le bourg
« ou ès environs. »
Le Merc. fr., VIII. 448-451, donne une relation moins à l'avantage de La Force qu'il ne le dit dans ses Mémoires.
« Le Duc d'Elbeuf voulait détruire le château, un des plus beaux de France, il
« en fut empêché par plusieurs de la noblesse, crainte que l'on rasât le château de
« La Force suivant l'arrêt du Parlement de Bordeaux, ce qui occasionnerait led.
« Sʳ de La Force et ses enfants qui tenaient des places dans le pays d'en faire au-
« tant à toutes les maisons de campagne qui appartiendraient à des serviteurs
« du Roi. »

l'estant venu secourir, il y eut un assez grand combat, auquel M. d'Elbeuf eut l'avantage.

Mec. 23. — Environ ce jour, M. de La Fayette[1], remis en sa charge d'aumosnier ordinaire. — Mort de M. le Comte de St Agnan[2] d'une inflammation de poulmon.

Environ ce temps, M. de Montmorency prend Lunas et Pedenac en Languedocq.

MARS

Merc. 1er. — Environ le premier de ce mois, M. d'Elbeuf prit d'assaut un chasteau proche Libourne nommé Mauravel, où il tua environ 200 hommes et en fit pendre quelques-uns qu'il décima[3].

Vend. 3. — Combat de M. Des Rochesbaritauls[4], en Poictou. Il alloit jetter 40 mousquetaires dans Talmont (qui estoit menacé par M. de Soubise) et avoit LVI maistres, scavoir XL chevaulx légers et 15 gentilzhommes

---

1. François, abbé de Dalon, Evêque de Limoges, premier aumônier de la Reine Anne d'Autriche, mort le 3 mai 1678, âgé de 86 ans.
Il était fils de Claude de La Fayette et de Marie d'Alègre.
2. Honorat de Beauvillier, Comte de St Aignan, Baron de la Ferté Hubert, maître de camp de la cavalerie légère, lieutenant général de Berry. — Fils de Claude Beauvilier de St Aignan, Gouverneur d'Anjou, et de Marie Babou de la Bourdaisière. Mort le 22 février 1622, à 43 ans.
3. La Force (Mémoires), II, 177 et 181.
2e Merc. fr. VIII, 461 : « Les victorieux tuèrent tous les défenseurs sauf « soixante soldats et 4 capitaines qui se réfugièrent dans une tour. Ayant été « contraints de se rendre, les capitaines furent conduits prisonniers à Bordeaux « pour être échangés ; quelques soldats furent pendus. »
4. Merc. fr. VIII, 531. Le Mercure met le combat au 28 février, il donne des détails qui diffèrent de ceux d'Arnauld quant au nombre d'hommes et aux incidents du combat.

volontaires avec luy, lorsque Mrs de Cressonnières, de Londriève, le Baron de la Grève et autres parurent avec 11ᵉ maistres et 120 carabins ; s'estant résollu à les attendre xx maistres des siens et 10 mousquetaires le quictèrent.

Les carabins des ennemis firent leur salve de loing et ne l'incommodèrent quasy point ; ses mousquetaires au contraire firent leur salve de 13 ou 15 pas et tuèrent 8 ou 10 gentilzhommes les ennemis d'abord ; aprez ilz se meslèrent et M. des Roches Baritault tua d'un coup de pistolet M. de Cressonnière qui luy avait donné dans sa cuirasse. — M. de Landrière avec sa troupe suivit les fuyards de M. des Roches Baritault ; ce qui luy servit extrêmement ; enfin son cheval estant demeuré soubz luy et luy pris, il fut secouru par quelques'uns des siens qui s'estoient reliez au champ de bataille et prit prisonnier celui qui l'emmenoit. — Il ne perdit que sept ou huit hommes mortz à ce combat, et en tua ou estropia pour jamais plus de soixante aux ennemis, entre lesquelz il y avoit vingt-huit ou trente gentilzhommes.

Jeud. 10. — La reyne mère faict sortir M. de Russelay du cabinet de la reyne [1], et le roy aprez luy avoir faict

---

(1) Richelieu (*Mémoires*).
Ed. Mich. et Pouj. 2ᵉ Série, VII, 260 : « La Reine mère déclara à Sa Majesté « ses douleurs, avouant que si elle eût été maîtresse d'elle-même, elle eût prié la « Reine sa fille de le faire sortir, mais que ses premiers mouvements ne furent pas « en sa puissance..... et qu'il n'y avait pas de faute en sa volonté, n'ayant jamais « eu autre but que de lui rendre l'honneur qui lui est dû. »
Voy. Richelieu, p. 259, l'insolence de Ruceiay envers la Reine. Il était soutenu par le Prince de Condé qui cherchait à brouiller le Roi et sa mère.

dire par M. le président Jeannin qu'il estoit marry de cela, l'ayant esté voir, elle pleura extrêmement en parlant à luy et depuis au retour d'un petit voyage que le roy fit à St Germain, elle luy tesmoigna qu'elle avoit esté bien marrye de ce que cela luy avoit donné peyne et qu'elle s'y comporteroit comme il voudroit ; enfin tout cela fut bien raccommodé, entre le roy et la reyne.

Mard. 15. — La reyne acouche.[1] Elle estoit grosse d'environ cinq semaines, à ce que l'on tient.

Environ ce temps Desplan[2] achepte LV m. livres de M. de Chanoise la charge de grand maréchal des logis.

Merc. 16. — M. de La Force ayant quelque temps auparavant repris Thonins[3] dessoubs et M. de La Vauguyon

---

1. voy. Zeller : *Richelieu et les ministres de Louis XIII, de 1621 à 1624*, in-8°, 1880, Hachette, p. 68, les diverses versions de cet accident.

1° L'ambassadeur florentin écrit que la Reine a avorté le 16, jour où se levant de table et s'étant pris le pied dans la frange du tapis qui la couvrait elle tomba.

2° Bassompiere, III, 15, place la chute après une soirée chez Madame la Princesse, la Reine ayant voulu courir avec la Connétable de Luynes et Mad^{elle} de Verneuil.

3° Le Nonce écrit que la Reine a fait une chute dans un escalier.

4° Selon Heroard, la Reine serait tombée le 14 et le mercredi 16 sur les trois heures serait accouchée d'un embryon de 40 à 42 jours.

Arnault donne à tort la date du 15 mars.

2. Esprit Alard, seigneur d'Esplan, marquis de Grimault, grand maréchal des logis de France, gouverneur de Meulan, marié à Marie de la Baume, fille de François de la Baume, marquis de Montrevel, qui lui apporta la terre de Grimault érigée pour lui en marquisat en 1620.

C'était une créature du Connétable de Luynes qui l'avait fait venir de son pays. Quoique d'une naissance obscure, il était aussi bien que les Luynes avec le Roi ; il avait été son porte-arbalette.

Duelliste redoutable, il mourut à Troyes des blessures qu'il reçut dans un duel avec le vicomte des Maretz.

3. 1° Merc. fr. VIII, 461-470 ; 2° Castelnault (Mémoires), T. IV, 361 des Mémoires de La Force, in-8° 1843, Charpentier ; 3° Montpouillant (Mémoires), T. IV des Mémoires de La Force, p. 70.

prisonnier. M. d'Elbeuf reprend ledit Thonins (estant joinct avec M. le Maréchal de Themines) et mène mal M. de La Force qui se retire à Clérac ; mais M. de Montpouillan et M. le vicomte de Castex se retranchèrent avec 400 hommes dans Thorins dessus et M. d'Elbeuf les assiégea. Il y a eu dans Thorins avec M. de Montpouillan jusques à plus de 11^m hommes.

Jeud. 17. — On passe au Louvre le contract de mariage de M. le comte d'Alez[1] et Mad^{lle} de la Chastre[2].

Mon frère de Pomponne part pour aller en Allemagne.

Vend. 18. — Le roy va au Parlement faire vérifier plusieurs édictz[3].

Sam. 19. — M. de Nevers arrive à Paris par commandement du roy qui l'accorda[4] ce jour-là mesme avec M. le Prince de Jinville.

M. le Prince va à la chambre des Comptes, accompagné de Mrs de Chasteauneuf et Jeannin pour faire vérifier des édictz.

---

1. François de Valois, comte d'Alais, seigneur de Montigny, baron de Folembray, colonel de la cavalerie légère, fils de Charles de Valois, duc d'Angoulême, fils naturel de Charles IX et de Charlotte de Montmorency. Il mourut de maladie à Pézenas, le 19 septembre 1622.

2. Louise-Henriette de La Châtre, fille unique de Louis de La Châtre, baron de La Maisonfort, maréchal de France, et d'Elisabeth d'Estampes Valençay, sa seconde femme. Mariée le 26 avril 1622, elle fit une seconde alliance avec François de Crussol dont elle fut séparée, et se remaria à Claude Pot, seigneur de Rhodes, grand-maitre des cérémonies. Heroard, II, 271.

3. 1° Merc. fr. VIII, 536, la liste des Edits vérifiés le 18 et le 19 mars ; 2° P. Griffet, I, 333.

4. Voy. Merc. fr. VIII, 539, les causes de cette querelle et les termes de l'accord.

M. le Comte de Soissons va à la Cour des Aydes pour ce mesme subject, accompagné de Mrs de Caumartin et de Champigny.

Le roy reçoit nouvelles que M. de Lesdiguières ayant cy-devant assiégé Le Poussain[1] (où M. de Maugiron fut tué et où il avoit esté donné un assault sans aucune apparence[2], duquel nos gens furent repoussez avec perte de iie hommes) l'avait pris par composition et Bais sur Bois aussy par le mesme traicté[3] et avait laissé M. de Blacons dans Bais et mis son capitaine des Gardes qui est Huguenot dans le Pousain. Ensuitte de quoy il a mis son armée (qui n'estoit que de 2500 ou 3000 hommes de pied) en garnison dans les places de Daulphiné.

Dim. 20. — Le roy part de Paris[4] ayant passé l'eaue aux Thuilleryes, et va coucher[5].... La Reyne mère part le lendemain et Madame avec elle. — M. le Prince et M. le Comte[6] vont avec le roy et Monsieur demeure à Paris, à cause qu'il se trouvait mal.

---

1. Richelieu (Mémoires), I, 263.
Merc. fr. VIII, 543. Richelieu, II, 26.
2. Le Merc. fr. VIII, 545, dit : « La brèche étant jugée aucunement raisonnable « et capable. »
3. Le Merc. fr., VIII, 545, donne les termes de ce traité.
4. 1° Merc. fr., VIII, 543; 2° Heroard, journal in-8°, 1868. Didot, II, 271 : « Le 20, dimanche, il part pour son grand voyage, secrètement à cheval, tandis « que tout le monde l'attendait au Louvre pour le voir passer. »
Richelieu, I, 263 : « Il partit de Paris plutôt en équipage de chasseur, que de « conquérant. » Il donne à ce départ la date du 21 mars.
5. En blanc dans le manuscrit. Le P. Griffet dit qu'il alla coucher à Berni.
6. Merc. fr. VIII, 537.

Jeud. 24. — Les Seigneurs servans le roy à la Cour à Orléans, M. le Maréchal de Vitry (ennemy de M. de Luxembourg à cause de la Bastille et du bois de Vincennes) prend un plat ayant passé et laissé derrière luy M. de Luxembourg qui en portoit un, le présente au roy et après se retire dans une église, où M. Desplan estant venu il luy demanda s'il luy vouloit parler de la part de M. de Luxembourg ; à quoy il respondit que non. Quelque temps aprez s'estant rencontrez chez le roy, comme M. de Luxembourg sortoit du cabinet et M. de Vitry y vouloit entrer, ils s'entrepoussèrent et puis M. de Vitry lui bailla un soufflet. M. le Prince estant sorty sur cela, il les fit embrasser à l'heure mesme ; mais le roy estant en cholère du peu de respect gardé dans son logis leur commanda de se tenir chacun dans le lieu jusques à ce qu'il eust advisé ce qu'il auroit à faire sur ce subject. Depuis leurs amis s'estans employez pour eux, le roy leur pardonna aprez avoir faict une très-grande reprimande à M. le Maréchal de Vitry qui luy parla tousiours à genoux et avoir parlé beaucoup plus doucement à M. de Luxembourg qu'il fit relever incontinent.

M. de Luxembourg ne demeure pas d'accord qu'il aye receu un soufflet, mais dit qu'ilz se sont seullement entrepoussez.

Sam. 26. — M. de la Folaine apporte des lettres du roy à la reyne par lesquelles sa Majesté luy mande qu'il désire que Mad[lle] de Verneuil et Madame la Connestable de Luynes sortent du Louvre[1] et que Madame d'Angoulesme recevra Mad[lle] de Verneuil chez elle. — Sur cela la reyne (qui environ un mois ou six semaines aupararant avoit porté Mad[lle] de Luynes avec pression de Madame la Connestable de Montmorancy) témoigna une extrême affliction. M. de Montbazon vient en dilligence trouver le roy, le mercredi 30, M. de Guise et M. le prince de Jinville vont aussy trouver le roy à Blois, le dernier disant qu'il l'alloit demander en mariage. — M. de Bonœuil fut envoyé aussi, le roy dit qu'il vouloit parler de ceste affaire en son conseil; enfin le roy dit à Blois qu'il vouloit estre obey, qu'elles sortissent et qu'il leur permettait d'aller voir la reyne mais non de coucher au Louvre, tellement qu'elles sortiront.....[2]

Lund. 28. — Le roy va d'Orléans à Blois.

Mard. 29. — M. de Schonberg part de Paris pour aller en voyage, où je fus avec luy.

---

1. Voy. 1° Bassompierre. Ed. de la Société de l'Histoire de France, in-8°. Renouard, III, 16, et appendice I, la lettre intéressante publiée par Monsieur de Chanterac.
   2° Fontenay-Mareuil, Mich. et Pouj., 2° série, III, p. 166.
   3° Brienne, Ed. Mich. et Pouj. 3° série, III, 22.

2. Mâchures dans le papier.

AVRIL

Vend. 1. — Le roy va [1] à Tours, le 6 à Saumur, le 8 au pont de Cè, le 9 à Ancenis, le 10 à Nantes, le 12 à Vieille-Vigne, le 13 à le Jay et le 14 à Chalan où M. le comte de La Rochefoucault le vient trouver avec ses troupes.

Vend. 15. — Le roy part à 4 heures [2] du matin de Chalan et va à Riez les nostres ayant entré dans l'isle du Perié, laquelle s'ilz eussent prise ilz auroient aisément en rompant les chaussées empesché que l'on ne peust aller à eux. — Le roy ayant résolu d'aller attaquer les ennemis dans l'isle de Ryez et jugeant que le meilleur passage estoit par les montz [3] proches de la mer, il passa un petit bras de mer à 10 heures du soir, lorsque la marée estoit basse et à la pointe du jour mit toute son armée en bataille, donna l'avant-garde à

---

1. 1° Heroard, Journal, 2 vol., 1868. Didot, II, 271 ; 2° Merc. fr. VIII, 548.
D'après Heroard, le Roi était le 7 à l'abbaye de S¹-Florent, le 10 il est à Chassay où il avait probablement couché.
Le Jai est Legé, arrondissement de Nantes.

2. Le Merc. fr., VIII, 551, dit que le Roy à 2 heures du matin était à cheval.
Bassompierre, III, 21 et pages suivantes, donne pour cette campagne des détails intéressants.

3. Bassompierre, III, 25 : S¹ Jean des Monts, chef-lieu de canton, arrondissement des Sables-d'Olonne (Vendée).

M. le Prince, l'arrière-garde à M. le Comte de Soissons et se mit à la bataille.

M. le Maréschal de Vitry estoit à la teste de l'avantgarde[1]. Le régiment des Gardes faisoit cinq bataillons; M. le Prince accompagné de M. le Mareschal de Praslain et de plusieurs seigneurs et gentilzhommes estoit à la teste de la compagnie de chevaux légiers du roy. Le roy avoit à sa main droiste un bataillon de mille Suisses et à sa main gauche un autre de pareil nombre. Il estoit à la teste de sa compagnie de gensdarmes et avoit derrière luy (qui se fussent jettez devant, si la bataille se fut donnée) Mrs de Schonberg, superintendant des finances, marquis de Courtanvault, et de Humières premiers gentilzhommes de la Chambre, de Liancour, premier escuyer, du Halier, capitaine des Gardes, Chalaiz, maître de la garderobbe, comte de Pontgibault, commandeur de Souvré et Arnauld ; M. le comte de Soissons estoit à la teste de la compagnie de chevaux légiers de[2]..... et avoit 6 bataillons formez des régimens de Navarre et de Normandie. M. de Bassompierre faisoit la charge de 1er mareschal de camp et Mrs Zamet et de Marillac celle de mareschaux de camp, M. le comte de La Rochefoucault donnoit avec ses troupes par un autre endroict. M. de Soubize n'ayant peu se résoudre à combattre, s'estoit retiré dez le soir avec la plus

---

1. Bassompierre, III, 28.
2. En blanc sur le manuscrit.

grande partye de sa cavalerye qui estoit en tout de 6 à 700 chevaulx dont v^c très bons et abandonna son infanterye qui estoit environ de IIII ou v^m hommes, une partye desquelz s'estant jettée dans 12 ou 13 vaisseaux qui les attendoit et n'ayant peu s'en aller à cause qu'il estoit[1]..... la crue estant en..... et le reflux n'estant encores venu, il en fut tué et pris fort grand nombre par nos soldatz sans aucune résistance et depuis les paysans et les bourgeois des villes s'estant armez et assemblez au son du tocquesain en tuèrent et prirent aussy sy grande quantité que le nombre des mortz a esté estimé à deux mil[2] et celuy des prisonniers à autant, entre lesquelz il y a, à ce que l'on tient 150 gentizhommes et entr'autres le comte de Marenier, son frère, La Mothe St Sevrin, Navaille, Riguières, Montataire[3].....

Une partye des soldatz ont esté envoyez aux gallaires[4], le prévost de la connestablye des Bois, Chastelleme en

---

1. Illisible dans le manuscrit.

2. Bassompierre, III, 31 : « Il y mourut sur le champ, tués de sang froid, sans « résistance, plus de quinze cents hommes. »

3. Inachevé dans le manuscrit.

4. Je ne sais pourquoi après ces massacres et ces pendaisons Brienne, Mich. et Pouj., 3e série, III, p. 22, dit : « Le Roi ordonna qu'on épargnât le sang de ses « sujets, ce qui lui acquit autant de gloire qu'aurait pu faire la victoire qui lui fut « dérobée en partie par Soubise qui craignait de tomber entre ses mains. »

Voy. Merc. fr., VIII, 561, la sentence du Prevot qui ordonna la pendaison et les galères.

Heroard, II, 273 : « Ce fut un coup du Ciel d'avoir préservé le Roi engagé en « l'Ille : et sans un seul blessé ou fort peu, il y fut tué plus de huit mille hommes. »

ayant mené..... à Nantes, les principaulx des susdits gentilzhommes en nombre de 4 qui sont le comte Marenier son frère, Navaille et Montataire, ont esté mis dans la citadelle de Xaintes et le reste mené à Poitiers. Tous les vaisseaux que M. de Soubize avoit à Rièz et cinq canons, trois de fonte et 2 de fer demeurèrent au roy.

Ce qui est plus remarquable en ceste action[1] c'est que le roy estoit reduict à mourir ou à vaincre, lorsqu'il eust passé le bras de mer ; car la marée estant revenue, il ne le pouvoit plus repasser[2].

Sa Majesté alla coucher à Aspremont.[3]

Dim. 17. — M. le comte de La Rochefoucault s'estant advancé à La Chambre par commandement du roy, les ayant somez ils se rendirent[4] et plusieurs vaisseaux en nombre de plus de 60 que grands que petitz venans pour les secourir et croyans que les leurs fussent encor dedans la place, il y en eut plus de 50 de pris, à mesure qu'ilz y entroient.

---

1. 1° Merc. fr., VIII, 557, récit de toute l'action ; 2° Bassompierre, III, 25-32

2. 1° Richelieu (Mémoires), I, 264 : « Le moindre succès qu'ils pouvaient avoir « du combat était de défaire absolument ceux qui étaient auprès du Roi et pren- « dre sa personne prisonnière ; attendu que outre les Rois semblables à celui-ci « ne fuient jamais, le flux de la mer étant revenu, il lui était impossible de le « faire. »

2° Hercard, II, 273.

3. Apremont et les Habites, canton de Palluau, arrondissement des Sables-d'Olonne (Vendée).

4. 1° Merc. fr., VIII, 558, met la reddition au 18.

2° Bassompierre, III, 32.

M. de Soubize avec toutes les peynes du monde se sauva avec 20 ou 30 chevaulx à La Rochelle.

Mard. 19. — Le roy va à Azenay[1] 2 lieues.

Merc. 20. — Le roy va à La Roche-sur-Yon, 3 lieues.

M. le prince de Jinville espouse Madame la connestable de Luynes.

Jeud. 21. — Le roy va à Ste Hermine ; 6 lieues.

Vend. 22. — Le roy va à Fontenay[2], 4 lieues.

Sam. 23. — Le roy tient conseil[3] sur les propositions apportées par M. de Bulion (arrivé quelques jours auparavant avec des députés de ceux de la Religion de Languedocq et d'autres demeurez à St Maixant et qui ne virent point le roy) de la part de M. le Mareschal de Lesdiguières qui avoit eu une conférence avec M. de Rohan ; et Sa Majesté voulant que les Huguenotz se soubmettent encor à de plus grands debvoirs que ceux qu'ilz offrent renvoye M. de Bulion, lequel passe par Paris.

Mec. 27. — Le roy va à Chizay[4] où M. du Plessis....[5] M. d'Espernon luy apporte les conditions du traicté faict[6] par M. de St Sevrin avec M. d'Espernon, lesquelles le roy agréa aussy.

---

1. Azenay, canton de Poiré, arrondissement de la Roche-sur-Yon (Vendée).
2. Fontenay-le-Comte, chef-lieu d'arrondissement (Vendée).
3. 1° Bassompierre, III, 83 ; 2° Merc. fr., VIII, 564.
4. Chiché, canton et arrondissement de Bressuires (Deux-Sèvres). Bassompierre, III, 84.
5. Mâchure dans le papier.
6. Heroard, II, 273.

Jeud. 28. — Le roy va à S¹ Jean d'Angely[1] où M. de Plessis Bellay, gouverneur de Taillebourg pour M. de la Trimouille l'estant venu trouver, le roy lui commanda d'aller remettre le Château dudit Taillebourg entre les mains de M. du Hallier, capitaine de ses gardes, lequel il y envoyoit pour y asseurer son logement, sa Majesté estant résolue d'y aller le lendemain. A l'heure mesme, M. du Hallier[2] part avec 50 gentizhommes, et ceux qui estoient dans la place qui estoit 5 gentilzhommes et environ 60 soldatz, aprez avoir demandé quelque temps pour sortir ce qu'ilz avoient dans la place, enfin pressez par M. du Hallier, voyans la lettre que M. du Plessis ne peult pas ne leur point escrire et sachant le roy sy proche qu'il pouvoit estre à eux le lendemain avec toute son armée, ouvrirent leurs portes sur les dix heures du soir[3]. Ceste place estoit excellemment bien munitionnée de vivres et de munitions de guerre et y avoit 15 ou 16 pièces de fonte. Les munitions de bouche

---

1. Voy. Bassompierre, III, 34, comment les habitants de Royan refusèrent d'exécuter le traité. Le Roi reçut la nouvelle du traité le 28 ; il était rompu ce même jour, il le sut le 29.

2. Merc. fr., VIII, 578 : François de l'Hopital, seigneur du Hallier, fils de Louis de l'Hopital, marquis de Vitry, et de Françoise de Brichanteau. Destiné à l'état ecclésiastique, il fut pourvu de l'abbaye de S¹ᵉ-Geneviève et nommé, par Henri IV, évêque de Nancy. Abandonnant cette profession, il devint capitaine des gardes du corps et de Fontainebleau, lieutenant des gendarmes de la garde ; chevalier en 1619. Sert aux sièges de Royan et de la Rochelle en 1628. Commande l'arrière-garde du comte de Soissons en 1638, gouverneur de Champagne et de Brie, maréchal de France en 1643. Commande l'aile gauche à Rocroy. Gouverneur de Paris en 1649. Il mourut le 20 avril 1660, âgé de 77 ans.

3. Merc. fr., VIII, 578.

furent estimées vi^m livres, dont a esté faite assignation à M. du Plessis, auquel elles appartenoient. Le roy prit subject de s'asseurer de ceste place sur ce qu'allant assiéger Royan, il n'y avoit point d'apparence de la laisser derrière (et envoya M. de Chantebonne vers Madame de La Trimouille, laquelle il trouva en chemin qui venoit de Thouars (trouver le roy). Le 29ᵉ M. de Malissy avec la compagnie du régiment des gardes de M. de Crequy appelée la Mᵉ de camp dont il est lieutenant entra dans la place (M. du Hallier en sortant), et puis la remit entre les mains de M. de Fourquerolles, enseigne d'une compagnie des gardes du corps que le roy y a mis en garnison avec cent hommes.

Vend. 29. — Le roy va à Xaintes[1]...., lieues, où on lui apporte nouvelles que M. de Sᵗ Surin n'avoit peu exécuter son traicté de Royan, et que cela s'estoit passé de ceste sorte[2]. M. de Sᵗ Surin ayant traicté, en advisa que pour la forme on le feroit sommer. Sur ceste sommation, il dit qu'il estoit prest d'obeir et sortit pour aller trouver M. d'Espernon, ayant laissé[3]..... son lieutenant dans le chasteau. Poyanne, lieutenant de M. de Favas (qui estoit sur les vaisseaux) estant dans la ville avec quelques soldatz et mathelotz, voyant tout le monde les bras croisez et que[4]..... faisoit fort mau-

---

1. Blanc dans le manuscrit.
2. Bassompierre, III, 108.
3. Blanc dans le manuscrit.
4. Blanc dans le manuscrit.

— 29 —

vaise garde, il résoult avec quelques autres de se rendre maistre de la place[1]..... sur le pont leviz, le poignarde, se rend maistre du château, puis de la ville, faict lever le pont leviz, crier « Soubize ! » et tirer trois coups de canon. M. de Favaz entra dans Royan, et puis en sortit, M. de La Noue y estant arrivé, auquel..... donna le commandement. M. de..... et.....[2] Malagnet y arrivèrent aussy et un nommé Moinerielles y amena quelques hommes de Normandye. M. de la.... y en avoit[3]....

Sam. 30. — M. de La Force ayant ramassé de toutes les garnisons voisines 1200 hommes de pied et 6 à 700 chevaux vint au poinct du jour au champ de bataille de M. d'Elbeuf proche de Thonins[4] dessoulz, où il y avoit en garde 4 compagnies du Régiment de[5]..... et 3 compagnies de cavalerye (avoit en passant defaict la compagnie de chevaux légers de M. d'Angoulesme qui n'estoit que de 25 ou 30 maistres). M. d'Elbeuf y accourt et une partye de ses troupes loge dans Thonins dessous. Le combat se commence.[6] Mrs d'Ambres[7], de Cornussan et

---

1. Blanc dans le manuscrit.
2. Blanc dans le manuscrit.
3. Inachevé dans le manuscrit.
4. Voy. 1° Lettres de La Force à sa femme, du 30 avril et 2 mai, dans les Mémoires de La Force, publiées par le marquis de Lagrange, in-8°, 1848, Charpentier, T. III, 253.
  2° Merc. fr., VIII, 471
5. Illisible dans le manuscrit.
6. Voy. p. 79 : *Mémoires des choses passées en Guyenne, rédigés par Bertrand de Vignolles*, publiés par Tamizey de Larroque, in-8° (84 p.), 1869, Paris et Bordeaux.
7. Louis de Voisins, fils de François de Voisins et de Anne d'Amboise, chevalier de l'ordre, vicomte de Lautrec, baron d'Ambres, gentilhomme de la Chambre, capitaine de 50 hommes d'armes, gouverneur d'Albret, Castres et Lavaur.

Marq. de Hautfort y sont tuez. M. d'Elbeuf charge ; les ennemis s'esbranlent, on leur en tue environ 450 sur la place. Mais en mesme temps les assiegez ayant faict une sortye d'environ 600 hommes enlevèrent toutes nos tranchées de ce costé là, tuèrent 2 ou 300 hommes, entr'autres M. de Boneuil, capitaine au régiment de Picardye, et emmenèrent 3 canons, un de baterye, une couleuvrine et une moyenne. M. d'Elbeuf, ayant cessé de poursuivre M. de La Force pour venir au secours, les repoussa dans la ville, et le mardy 3ᵉ May receut les assiegez à composition, qui fut de sortir avec leurs armes et bagage. Ilz sortirent 1200 hommes de combat ; il n'y avoit quasy point de gentilzhommes. Le vicomte de Castez y estoit et M. de Montpouilian, qui avoit quasy tousiours esté malade, moururent tous deux à Clérac[1]. Ceste composition fut exécutée le lendemain[2].

---

1. Le Merc. fr. VIII, 585, les fait mourir tous deux à Tonneins. « Leurs corps « morts furent conduits à l'église de Brigsac, à un quart de lieue de Tonneins, où « la garnison de Clerac les vint prendre pour les y porter et enterrer. »

D'après La Force (Mémoires, II, 197), Monpouillan serait sorti de Tonneins fort blessé à la tête, se faisant porter dans une chaise et voulant sortir le dernier.

Montpouillan et Castelnaut (Mémoires, IV, 454), les font mourir à Clairac. Leur proche parenté fait préférer leur version à celle du Mercure.

Jean de Caumont, marquis de Montpouillan, était le sixième fils de Jacques Nompar de Caumont La Force, et de Charlotte Gontaut, fille du maréchal de Biron. Au siège de Nérac dont Castets était gouverneur, il s'était enfermé avec lui et avait voulu être son soldat. Voy. Vignolles (Mémoires, p. 40).

2. La composition est signée du 4 mai. Voy. les termes, Merc. fr., VIII, 584.

La Force et Castelnaut se plaignent des violences malgré la capitulation qui les défendait. Le Mercure ne donne pas ces défenses.

Voy. La Force, Mémoires, III, 255 et suivantes, et Castelnaut, T. IV, 448 et suivantes.

MAY

Mard. 3. — Le roy va à Sougeon[1] où M. d'Espernon le vint trouver le lendemain (il avoit quelques jours auparavant investy Royan) ; fort malcontent de ce que l'on voulut laisser M. le comte de Soissons pour luy commander en l'armée de La Rochelle, et dit qu'il désiroit de se retirer. Enfin il se résolut à servir encore en ce siège comme particulier seulement, laissant faire la charge de coronel de l'infanterye à M. le Marquis de La Valette.

Jeud. 5. — Le roy va loger à Chastelard à un quart de lieue de Royan ; Jour de l'Ascension[2].

M. le Prince va en Guyenne ; Mrs Zamet, de Liancour et de Fontenay l'accompagnent. On vouloit envoyer avec luy les régiments de Normandie[3]..... Vibraye, et quelque cavallerye. Le dessein estoit de forcer et passer au fil de l'épée ceux qui estoient dans Thorins et de traicter avec M. de La Force.

---

1. Saujon, chef-lieu de canton de l'arrondissement de Saintes.
Voy. Bassompierre, III, 36.
2. 1° Bassompierre III, p. 36-50, donne d'intéressants détails de ce siège, il y fut très employé; 2° Merc. fr. VIII, 579.
3. Illisible dans le manuscrit.

On faict deux attaques à Royan. Mrs de Praslain et de Bassompierre en commandoient l'une avec les régimens des gardes de Navarre[1]..... Gamorini conduisoit l'ouvrage ; M. de Linchère estoit ayde de camp.

M^rs les Mareschal de Vitry et de La Valette commandoient l'autre avec les régimens de Champagne, Bury..... M^rs de.....[2] et de Marillac y servoient de mareschaulx de camp. Pompée Targon conduisoit l'ouvrage. M. de Machaut estoit ayde de camp. Il y avoit 16 canons en batterye. Les régimens de Menelles, St Surin, et Castelbayard avoient en charge de travailler à une 3e attaque.

Lund. 9. — On faict deux attaques en mesme temps pour emporter 2 pointes de bastions. Celle du costé de Navarre réussit très-bien avec perte de 5 soldatz seullement ; en l'autre le logement ne fut pas sy bon, et nous eusmes 60 gentilzhommes tuez ou blessez et plus de 110 soldatz par la faulte du M^al de Vitry, qui au lieu de faire sa charge, se mit à la teste des enfans perduz et fut cause de tout le malheur. Les ennemis ayant faict jouer une mine[3] (que l'on debvoit faire recongnoistre par un sergent et 12 mousquetaires) qui emporta grand nombre des nostres, et le M^al de Vitry, au lieu de faire son logement, ayant voulu donner jusques au bout du bastion, où les notres ayant trouvé un grand retranche-

---

1. En blanc.
2. Les noms en blanc dans le manuscrit.
3. 1° Bassompierre, III, 580; 2° Merc. fr., VIII, 581.

ment derrière lequel les ennemis les tirèrent, furent contraints de s'en revenir bien viste.

Mortz : Mrs de Vassé, de Ligondez, Baron de Mata, Baron de Tion, St Martin, Burgue..... de la Venerye, du Buisson, Desdouez.

Blessez : Mrs de Humieres,[1] à la gorge ; Sevigny, à l'aisne ; Montigny, à la cuisse et au bras ; Senecey à la cuisse ; Palemer, au bras ; Vieupont, au visage ; Mau... à la cuisse ; Gastault, à la cuisse ; Boyer, à l'aisne ; Rames, à la teste, fut longtemps enterré ; Marsillac et M. d'Espernon, son lieutenant et son enseigne ; Bouteville Mont Morency, Vernegue, M. de La Rocheguyon, Pontgibault, Belin, La Vallette, d'Ussel.

Merc. 11. — Le roy estant allé voir les tranchées, ceux de Royan députèrent vers luy pour capituler[2] ce qui fut achevé sur les 3 heures aprèz midy, ainsy qu'il s'ensuit :

Le roy donne la vie et la liberté à ses subjectz de quelque qualité et condition qu'ilz soient estans de présent à Royan, Sa Majesté leur donne permission de se retirer par mer ou par terre en toute seureté là par où ilz voudront, excepté en l'isle d'Argenton et Médoc, et

---

1. Charles-Hercule de Crevant, marquis d'Humières, fils de Louis de Crevant, marquis d'Humières, et de Jacqueline d'Humières. Capitaine de 50 hommes d'armes, gouverneur de Compiègne. Le P. Anselme, V, 763, et Moreri, le font tuer à tort le 12 mai, à l'attaque de Royan, puisque la ville capitula le 11 mai.

2. Le Merc. fr., VIII, 582, donne les articles de la capitulation qui diffèrent par quelques nuances du texte d'Arnault.

Heroard, II, 274.

d'emporter ce qu'ilz pourront d'argent, de leurs armes et bagages excepté les canons, munitions de guerre et vivres, rendront tout ce qui appartient au S^r de St Surin[1] et à ceux qui sont sortis avec luy, mesmes leurs navires, voullant aussy Sa Majesté qu'ilz remettent en liberté le Sr de Ponssac et autres prisonniers pris dans Royan et pour sureté de ceste parole donneront des ostages.

Sa Majesté permet à ses subjectz et autres du dit Royan de vivre en liberté de conscience suivant ses edictz. Permet aussy Sa Majesté à ceux qui se voudront tenir chez eux de vivre soubz le bénéfice de ses edictz, apres avoir faict la déclaration nécessaire, et pour ce leur sera donné passeport, et à ceux qui ne se voudront servir de ceste grâce, promettront de ne plus porter les armes contre le roy. Remettront la place dans cinq heures du soir entre les mains de ceux qu'il plaira au roy ordonner pour cest effect et dès ceste heure donneront des ostages. Faict ce 11e may 1622.

Le roy laisse M. de Drouet[2], capitaine du régiment des Gardes dans Royan avec 11O hommes de garnison[3]. Il y avoit pour x^m livres de bleds dans la place qu'on lui a laissez.

M. de Humières meurt le 12e.

---

1. La Mothe Fouqué, baron de St-Seurin, fils de Charles de La Mothe Fouqué, baron de St-Seurin et d'Elisabeth de la Chassagne.

2. Isaac du Raynier, seigneur de Droué : 1° Merc. fr. VIII, 588 ; 2° Bassompierre, III, 50.

3. Bassompierre donne le même chiffre, le Mercure dit trois cents.

Lund. 16. — Le roy part de Royan, va à Mortagne, 5 lieues; laisse M. le Comte de Soissons pour commander devant La Rochelle une armée de XII^m hommes de pied, mille chevaux et XII canons. Pompée Targon demeure avec luy pour exécuter le dessein de boucher le port, M. le Mareschal de Vitry y demeure.

Mard. 17. — Le roy va à Mirambleau[1]..... ; Mecr. 18 à Moulin, 6 lieues; Vend. 20 à Guitres, 4 lieues; Sam. 21, à St Emilion; Dim. 22, à Castillon, 2 lieues, où M. le Prince le vint trouver; Lundi 23, à St Aulary[2].

Sam. 21. — Le roy reçoit nouvelle de M. de Poyanne, que l'affaire du Mont de Marsan estoit achevée. — Ce qui s'est passé ainsi, M. le Marquis de Castelnau, gouverneur, craignant que les habitants ne le jettassent dehors pour faire leur condition avec le roy, se rendit maître de la place et y fit entrer jusques à VIII^c hommes. En mesmes temps M. de Poyanes s'avancea jusque à trois lieues du Mont de Marsan avec cent maistres et II^m hommes de pied et M. de Castelnau ayant traicté avec le roy[3]..... remit la place entre ses mains, laquelle le roy a ordonné estre razée[4].

---

1. Mirambeau, chef-lieu de l'arrondissement de Jonsac (Charente-Inférieure). Bassompierre, III, 51.

2. St-Alary. Bassompierre, III, 53, nomme cet endroit St-Aulais, c'est St-Aulaye du canton de Riberac (Dordogne).
Le traité du mois de mars 1622 pour la reddition de Ste-Foy est daté de Saint-Holary. Voy. Bulletin du protestantisme français, T. IX, p. 130.
Il y a un château Saint-Holary à six kilomètres de Ste-Foy.

3. Arnault laisse le chiffre en blanc. Richelieu et le Mercure disent 20,000 écus.

4. 1° Merc. fr., VIII, 585-590, donne un récit détaillé de la négociation; 2° Richelieu, Mémoires, I, 264.

— 36 —

Le traisté de Nérac[1] résolu avec M. le Baron de Lusignan à L^m livres et C^m livres à M. le Duc Conseiller de Bordeaux qui a traicté l'affaire et III^m livres pour estre distribuez par ledit Sr du Duc à certaines personnes.

M. de Morillon despesché pour achever l'exécution du traicté avec M. de Sully[2], il luy porta pour IIII^{xx} XVII^m livres d'assignation tant pour ce qui luy estoit deub de reste de ses garnisons de Figeac, Cadenac et Cardaillac que pour[3].....^m livres d'armes et autres munitions de guerre.

Mard. 24. — Traicté résolu avec M. de la Force[4], M. de La Ville aux Clercs l'avoit nogocié, il doibt rendre Ste Foy, Mont Flanquin, Tournon..... et le roy luy donna tant pour cela que pour récompence des gouvernements de Béarn et charge de capitaine des gardes du marquis de la Force, une charge de Maréchal de France et VI^c m. livres ; scavoir III^c m. livres comptans (dont M. de Schonberg fit sa promesse pure et simple, payable dans 15 jours à Paris, laquelle a esté retirée moyennant l'ordonnance de comptant) et le reste en

---

1. Merc. fr., 628-635, récit détaillé mais sans indication des sommes accordées.
2. Merc. fr. VIII, 635.
3. Cet endroit est mangé par les vers dans le manuscrit.
4. 1° Drienne, Mich. et Pouj., p. 33, le récit de cette négociation dont il fut le principal agent ; 2° Merc. fr., VIII, 619, donne les termes de la capitulation. Il y a de notables différences avec le texte d'Arnault ; 3° Castelnant, Mémoires, 459, relation à l'avantage de La Force, son père ; 4° Bulletin de la Société du protestanisme français, T. IX, 130-133, : *Le traité du Roi avec les habitants de Ste-Foy touchant la reddition de cette place reproduit d'après l'original signé Louis et Phelipeaux*, par M. Marcat.

une bonne assignation. — III^m livres à la Faye Ste Orse et XIIe livres à un ministre.

Tous Seigneurs et gentilzhommes capitaines, soldatz et autres de quelque qualité qu'ilz soient promettront et jureront de bien et fidellement servir le roy soub le bénéfice de ses edictz en jouiront paisiblement et librement de leurs biens soit catholiques ou de la religion prétendue reff.

« Tous ceux qui sont dans Ste Foy ou ailleurs, des quelz le S^r de La Force baillera présentement les noms, jouiront du bénéfice contenu au présent article, pourvu que dans 6 jours ilz l'acceptent et facent ensuite serment de bien et fidellement servir le roy. »

Sa Majesté est très-humblement suppliée de remettre M. de La Force et M^{rs} ses enfans en leurs charges, dignitez et pentions ou leur en donner récompence et avoir esgard aux grandes pertes que le dit S^r a souffertes.

« Sa Majesté accorde un estat de Maréchal de France audit S^r de La Force et la somme de VIe m. livres pour toute récompence tant de ses charges que de ses enfans dont la moitié sera païée à Paris contant à lettre veue et le surplus dans la fin de l'année, comme aussy les, pensions cy-devant accordées aux enfans dudit S^r leur seront continuées. »

Et remettra sa Majesté, s'il luy plaist, le Sr de Castelnau en sa charge au gouvernement de Bergerac.

— 38 —

<small>*Accordé suivant le premier article, et à cet effet seront dellivréz passeportz à ceux qui se voudront retirer chez eux.*</small>

Sera permis à tous seigneurs et gentilzhommes, cappitaines, soldatz et autres, de quelque province, qualité et condition qu'ilz soient, qui ont assisté M. de La Force et M^{rs} ses enfans depuis le premier de février 1620, se retirer en toute seureté ou bon leur semblera avec leurs armes, chevaux et bagages.

<small>*Accordé.*</small>

Supplient très humblement Sa Majesté leur donner une abolition génèralle de toutes choses faites et passées depuis ledit jour 1er de février 1620, soit pour la prise des armes, actes d'hostilité, demolitions et desgatz de bastimens, levée de deniers royaux et particulliers.

<small>*Le roy fera exécuter ses edictz.*</small>

Jouiront du libre exercice de leur religion en tous lieux où il estoit etably avant lesdits mouvemens.

<small>*Les jugemens donnes par deffaulx et contumaces depuis seront de nul effect et valleur depuis le 5e février 1620.*</small>

Tous jugemens et arrestz donnez contre les susdits gens de guerre ou autres qui ont assisté lesdits Seigneurs sans avoir esté ouys et légitimement deffendus seront nulz et de nul effect et valleur et les condamnez remis et réintegrez en leurs biens et en l'estat qu'ilz estoient auparavant et toutes confiscations, levées et condampnations pour fait de guerre de nul effect et valleur.

<small>*Accordé et mesmes au S^r de La Mothe Bacalan une charge de capitaine entretenu.*</small>

Les Srs de Bruzolles, de Theobon, de Beynac, de St Legier, de Brecquepignot, de La Mothe Bacalan et de Beauvillé seront restablis en leurs estatz, offices, dignitez, pentions et concesions, ou seront paiez des recompences accordées et jouiront à l'advenir des pentions ou autres gratiffications à eux accordées, mesme des arrerages de leurs garnisons.

La ville de Montflanquin et les habitants jouiront du mesme benefice et abolition qui est contenu en l'article de ceux de Ste Foy et les courtines qu'on a commencées à y faire pour refermer leur ville pourront y estre continuées sur les ancien fondemens.

Ceux de Montflanquin auront abolition des actes par eux commis jusques à présent

Tous reffugiez de la ville de Ste Foy pourront et leur sera permis retirer leurs biens et commoditez et les transporter où bon leur semblera.

Accordé, pourveu qu'ilz se retirent es villes et lieux de l'obéissance de Sa Majesté ou en leurs maisons

Plaira à sa Majesté faire considération de ceux qui ont esté nommez à M. de La Ville aux Clercz pour les gratiffications accordées.

Accordé suivant l'article ci-dessus.

Le Sr Comte de La Vauguion et tous autres prisonniers de guerre qui sont dans Ste Foy seront dellivrez et au semblable sa Majesté fera délivrer ceux qui sont prisonniers en l'armée commandée par M. d'Elbeuf, depuis le 1er février 1621 en la (basse Guyenne) soit catholiques ou de la Religion prétendue refformée et génerallement tous autres pris en guerre.

Faict et arresté au Camp de Ste Foy, le 24 May 1622.

Signé : Louis et plus bas Phelipeaux.

Il y eut longue contestation touchant les murailles ; mais enfin il fut arresté verballement qu'elles demeureroient.

Outre cela on bailla à La Faye Ste Orse III^m livres par ordonnance de comptant ; à Savignac un brevet de pension de III^m livres ; au ministre de Ste Foy XII^c livres par ordonnance de comptant.

Mec. 25. — Le roy entre dans S¹ Foy, aprez que la garnison qui estoit d'environ 5 ou 600 hommes, à ce que les nostres disent, et de xv⁰ hommes, à ce que disent les autres, lesquelz soustiennent qu'il en sortit beaucoup le jour d'auparavant du costé du dessus de la rivière qui estoit libre. Il n'y eut point de désordre; M. de Marillac fut mener les maréchaux des logis dans la ville. On avait faict mettre toute l'armée en bataille à un quart de lieue de la ville, et faict un ban portant deffence à tous soldatz de quicter leur rang sur peyne de la vye. On posa aussy des sentinelles à travers les chemins et la campagne. La compagnie de M. le Prince et.....¹ escorta lesdits soldatz de la garnison, laquelle estant sortye, il y entra six compagnies du régiment des gardes et III de Suisses.

Jeud. 26. — Le roy fit la Feste Dieu à Sᵗᵉ Foy en grande cérémonie². Sa Majesté et la plus part des chevaliers du S¹ Esprit qui y estoient portoient le Grand Ordre. M. de Tours officioit, M. le Prince, M. le duc d'Usez, M. le duc de Retz et M.....³ portoient le poesle.

M. le Cardinal de Retz marchoit derrière le roy. M. le garde des Sceaux, M. de Schonberg, M. de Bassompierre.

---

1. En blanc dans le manuscrit.
2. Merc. fr. VIII, 625.
3. Arnault laisse le nom en blanc.
Le Mercure nous apprend que le quatrième porteur était le Maréchal de Praslin.

Il y avoit plus de 50 ans que la messe ne s'estoit dicte dans S*te* Foy.

Vend. 27. — M. de La Force faict le serment de Maréchal de France[1].

Le roy met M. de Beaumont[2] dans S*te* Foy pour faire razer les fortifications avec les 7 compagnies de son régiment qui estoient de deça et 5 du régiment de Villeroy.

Samed. 28. — Le roy va à Monsegut[3], 4 lieues; Dim. 29, à Marmande, 3 lieues ; Lund. 30, à Esquillon[4], 3 lieues ; Mard. 31, à S*te* Marye[5].

Le roy ordonne que l'on ne rebastira Thonins,[6] mais que les propriétaires des terres pourront bastir des maisons dedans à deux cens pas les unes des autres.

Le roy laisse le régiment de Saucour dans Clairac pour le faire démolir et ce pendant que l'on fera réduict.....[7]

---

1. Voy. Bassompierre III, 54 et 55 comment le Roi s'excuse de lui préférer La Force.

2. Merc. fr. VIII, 626.

3. 1º Merc. fr. VIII, 626 ; 2º Heroard (Journal), II, 275.

4. Aiguillon, canton de Port S*te* Marie, arrondissement d'Agen (Lot-et-Garonne).

5. Port S*te* Marie, chef-lieu de canton, arrondissement d'Agen (Lot-et-Garonne).

6. Voy. *Mémoire des choses passées en Guyenne (1621-1622) rédigées par Bertrand de Vignolles* in-8, 1869, publiées par Tamisey de Larroque qui donne à la p. 82 de l'introduction, l'indication de nombreuses sources pour l'histoire du siège de Tonneins.

7. Trou dans le Manuscrit.

JUIN

Mec. 1. — Le roy va à Agen[1]; Vend. 3, à Valence; Sam. 4, à Moissac, 2 lieues.

Mard. 7. — Le roy va à Villemade[2], 3 lieues; les ennemis quictent le petit fort, qu'ilz avoient à la poincte de la Veyron ; 4 à 5 demeurèrent qui furent pris et penduz.

Mec. 8. — Le roy passe par Albian[3], d'où les ennemis qui s'y estoient logez partent seullement le matin, et voulant aller coucher à Negrepelisse ilz refusent les portes et demandent 24 heures[4] pour adviser à ce qu'ilz auroient à faire. En mesme temps on faict les aproches, où M. d'Esquilly[5] fut tué d'une mousquetade par la

---

1. Merc. fr. 635.
2. Le Merc. fr. VIII, 636. Ne parle pas de cette exécution.
3. Albias, canton de Negrepelisse, arrondissement de Montauban (Tarn-et-Garonne). Bassompierre III, 63, Heroard (Journal), II, 275.

« Le 8 mercredi à neuf heures, il monte à cheval, part de Villemande ayant
« fait mettre en marche son armée en bataille, passant près de Montauban, il a
« diné à onze heures à Albias, dans un champ labouré, au grand soleil. Il remonte
« à cheval, va voir les attaques qui se faisaient à Negrepelisse qui avait refusé
« les portes. »

4. Merc. fr. XIII, 636.
5. Bassompierre, III, 63, Merc. fr. VIII, 638.

Claude-Alexandre de Choiseul, seigneur d'Esguilly, fils de François de Choiseul 1er du nom et de Françoise d'Esquilly. — Institué héritier par le testament de Jacques, Seigneur d'Esquilly son aïeul maternel à condition de porter le nom et les armes d'Esquilly, lieutenant de la compagnie de gendarmes de Praslin, gouverneur de Châtillon-sur-Seine, capitaine au régiment de Navarre.

teste et 5 ou 6 soldatz. — Son lieutenant eut sa compagnie.

Jeud. 9. — On commence à battre avec 3 canons[1]. M. de Vendosme commencea à faire les aproches à Saint-Anthonin.

Vend. 10. — A la poincte du jour. M. de Schonberg avait achevé de mettre sept canons en batterye à la portée du pistolet du château et sans estre couvert ny de gabions ny d'aucune autre chose. On luy tua dans ceste batterye M. de La Villeufve et 10 ou 12 bons officiers de l'artillerie, la plus part estant proches de luy, et on luy en blessa 18 ou 20.

L'apresdiner on donna l'assaut général[2], les gardes du costé de la bresche qui avoit environ vingt pas de long, et Picardye et Navarre d'un autre costé. Les ennemis, qui ont témoigné durant tout ce siège une fort grande résolution, n'estoient pas assez pour résister à l'effort. Les soldatz tuèrent[3] tous les hommes qu'ilz trouvèrent dans la ville. Il y eut aussy quelques femmes tuées et quelques enfans. On sauva le reste[4] le mieux que l'on peult en les racheptant des soldatz. Le reste des hom-

---

1. Voy. pour les détails de ce siège. Bassompierre, 65 et suivantes Il y joue un rôle très important.
2. 1º Merc. fr., VIII, 637 ; 2º Heroard (Journal), II, 275.
3. Bassompierre, III, 67.
4. Le nombre des femmes qui échappèrent à l'injure et à la mort est très petit. Le Garde des Sceaux de Vic en racheta 15. Le Duc de Chevreuse et Roger valet de garde-robe du Roi en rachetèrent quelques-unes. Pontis sauva une fille de 18 ans.
Voy. Bassompierre, III, 420 et Appendice II.

— 44 —

mes se retira dans le Château, d'où il y en avoit de sy hardiz que de se monstrer la moityé du corps par les fenestres et de reprocher à nos soldatz qui les tiroient et ne les frapoient pas qu'ilz estoient bien mal adjustez, et le lendemain xie, ceux qui estoient dans ledit château se rendirent à discrétion.

Dim. 12. — Le roy va à Moricoux, une lieue.

Lund. 13. — Le roy va coucher à Granges St Anthonin[1]; l'envoye sommer. Ils font responce qu'ilz estoient très humbles serviteurs du roy, mais non jusques à ce poinct que de luy ouvrir les portes, puis qu'il les vouloit contraindre en leur conscience, qu'ilz avoient promis à M. de Rohan de luy conserver la place et qu'ilz mourroient tous ou luy tiendraient parolle. — Aprez cela ilz dirent au trompette[2] qu'il se retirast et firent tirer sur luy.

Ilz ne croyoient pas que l'on peust descendre des canons de batterye le long de leurs montagnes qui sont extrêmement raides.

Mard. 14. — On descendit le matin 8 canons de batterye, que l'on mit au milieu du pré et on en tira 28 volées par galanterye[3].

---

1. I^e Merc. fr., VIII, 638 ; 2e Heroard (Journal), 276.
2. Le Mercure VIII, 641 donne à ces événements la date du 14.
3. Merc. fr., VIII, 643.

« Les dix canons menés devant St Anthonin furent mis en deux batteries, « l'une de huit canons dans la vallée et l'autre de deux coulevrines à demi-mon- « tagne du côté du couchant, et furent tirés ce jour deux cent trente coup de « canon. Les deux coulevrines fouettaient merveilleusement les assiégés. »

Voy. pour tout ce siége : Bassompierre, III, 68. Il donne des détails très intéressants et fut, s'il faut le croire, le principal auteur de la prise de la ville.

Jeud. 16. — Les dits 8 canons furent en baterye.

Sam. 18. — Le régiment de Normandie estant en garde eut charge de faire son logement ; mais les ennemis les repoussèrent avec perte de 7 ou 8 des nostres et 10 ou 12 blessez. M. de Capdesec ayde de sergent-majeur dudit régiment y fut tué. Au commencement il n'estoit que blessé ; mais les nôtres l'ayant abandonné, les ennemis l'achevèrent, M. de Lacour avec 7 ou 8 soldatz voulait l'aller retirer ; mais, M. de Vendosme ne voulut le luy permettre. — M. de St Lazare du Jaunage, capitaine dudit régiment eut le bras cassé d'une mousquetade ; M. de Lenchere, capitaine du régiment de Piedmont et ayde de camp y eut une mousquetade dans la cuisse qui ne..... et M. d'Her..... gentilhomme volontaire y receut 36 coups de picque dont il est blessé de 18 ou 20 ; M. le Marquis de....., revenu quelques jours auparavant quoyque non achevé de guerre y fit fort bien.

Les ennemis jettèrent la nuict quantité de chanvre sur le logement des nôtres et puis avec quantité de feux d'artifices, de goudron, etc., y mirent le feu, de telle sorte qu'ilz bruslèrent tout, sçavoir : aiz, barriques, etc....[1]

Dim. 19. — Les gardes ayant eu commandement de faire un autre logement ne furent pas plus heureux que Normandye. Car après avoir donné à la poincte

---

1. Merc. fr., VIII, 644.

de la Corne, on leur jetta tant de grenades, de pierres, etc., qu'ilz quictèrent tous et y en eusmes 15 ou 18 mortz ou blessez. M. du......., lieutenant de M. de Pugeoles, et M. de Tillades, enseigne de son père, y furent blessez de mousquetades.

M. le duc de Retz estant sur une montagne à regarder à plus de 400 pas de la ville fut blessé d'une mousquetade au genouil [1].

Lund. 20. — On fit la grande attaque [2], M. le marquis de Chappes donnoit à la main droicte avec 400 hommes choisiz de 16 compagnies des Gardes.

M. le vicomte d'Arpajoux donnait au milieu, où la mine joua, avec 200 hommes de Piedmont que Mrs de Lambert, de La Vardin menoient.

M. de Marillac donnoit à main gauche avec 400 hommes de Navarre.

400 hommes de Normandie donnoient à la main gauche de Navarre.

Les ennemis qui estoient environ 400 dans les Cornes pour soustenir un assault furent mis en désordre par la mine qui en couvrit quantité, comme 40 ou 50, et puis voyant qu'ils estoient attaquez de tous costez et que l'on leur gangnoit le derrière, ilz furent contrainctz de fuir et on en tua environ 200 ou 300.

---

1. 1° Bassompierre III, 78. « M. de Retz fut malheureusement blessé derrière « le Roi d'une balle mourante qui ne laissa pas de lui casser le genouil, dont il « est demeuré estropié » ; 2° Heroard (Journal), II, 276.
2. Merc. fr. VIII, 644.

Il y en eut bien 200 des nôtres tuez ou blessez. — Ceux de qualité qui furent tuez sont : M. le chevallier de Saligny, M. le comte de Paluau, qui mourut le 22me au matin de trois mousquetades, dont 2 dans le corps. M. le comte de Bury eut le régiment de Navarre en payant aux héritiers la récompence de la charge.

Les blessez de qualité[1], de mousquetades furent M. de la Sare, capitaine aux gardes, à la gorge — M. de Paillhe[2], capitaine et sergent majeur du régiment de Normandye, à la teste quasy à tourner les yeux, se fit catholique — M. de Vignes, capitaine en Normandie, dans le bras — Baron de Vaillac, id. capitaine, bras cassé — M. de la Saladye, dans les cuisses — M. de la Coudraisle, aussy capitaine audit régiment, bras cassé — M. de Souze, ayde de camp . . . .
. . . . M. du Menil, commissaire de l'artillerie, jambe cassée — M. de La Vardin le Jeune. . . . .

M. de La Vardin, capitaine au régiment de Piedmont, jambe cassée d'un coup de grenade.

Mard. 21. — On faict à la nuict fermée jouer 3 fourneaux sur la contrescarpe, qui comblèrent le fossé. — M. de Betancour, gouverneur du Pont de Scé, voulant aller voir l'effect des dits fourneaux, fut tué d'une mousquetade par la teste. M. de Coulombière, capitaine au

---

1. Merc., fr., VIII, 645.
2. Bassompierre III, 79.
Roger de Villemur, Baron de Pailly, major du régiment de Normandie.

régiment de Piedmont (par la mort de M. le vicomte de Fontenay) receut une mousquetade dans le corps [1].

La nuict on avancea les canons sur la contrescarpe. Gr......, commissaire de l'artillerie, fut blessé d'une mousquetade dans le corps. Quelques soldats tuez ou blessez et 7 ou 8 prisonniers.

Mec. 22. — Les assiegez, se voyans réduitz à l'extrémité, suplièrent le roy de leur pardonner et se rendirent [2] à discrétion. Le roy en fit pendre XI le 23°, entre lesquels le filz de Pen...... et 3 autres se firent catholiques. On donna la vye et les biens au reste, qui s'obligèrent à cent mille francs pour se rachepter du pillage. Le roy ordonne aussy que les fortifications, les murailles et le pont seroient razez, et un nommé Bertrand, conseiller du parlement de Thoulouze (excellent homme), y fut euvoyé pour ce subject. Le roy y laissa le régiment de Chappes en garnison. Plusieurs se firent catholiques.

Jeud. 23. — De grand matin, environ 200 hommes venoient de Montauban [3] pour secourir la place, ne sçachans qu'elle fut rendue, et les premiers qui entrèrent dans le fossé ayant esté chargez par les nôtres, il en fut tué 18 à 20, et deux pris, dont un pendu. Le reste se retira, et ayant esté couru, il en fut encore tué quantité et entr'autres le sergent majeur de Montauban.

---

1. 1° Merc. fr., VIII, 647; 2° Bassompierre III, 80.
Il met la blessure de Colombiere au 20 juin.
2. Merc. fr., VIII, 647.
3. 1° Merc. fr., VIII, 649 ; 2° Richelieu (Mémoires), Mich. et Pouj., I, 265.

Vend. 24. — M. de Montmorancy et M. Zamet attaquèrent à la veue de Montpellier avec la cavalerye du roy cinq compagnies de gens de pied, dont ilz tuèrent IIIe hommes sur la place[1].

Le roy part de Queilus, va à Castelnau de Montmiral ; 4 lieues. — Dimanche 26 à St Sulpice ; 4 lieues. — Lundi 27 à Thoulouze ; ..... lieues.

Idem. — M. Zamet, avec les 300 maistres qu'il avoit menez en Languedoc charge un régiment de près de 500 hommes à une lieue de Montpellier, en tue 309 sur la place et prend quelques prisonniers. M. de Montmorency y vint, fit[2].... fort prez de là ; mais il ne chargea pas.

Sam. 25. — M. le comte de Soissons estant arrivé devant La Rochelle envoye la recongnoistre par M. le Maréchal de Vitry avec 500 chevaux soustenuz d'un bataillon du régiment de Champagne. Les ennemis estans sortiz, M. de Vitry s'avancea avec quelques-uns des siens en petit nombre, les chargea, en tua XXVIII ou 30 sur la place. M. Arnauld garda les mortz toutte la nuict.

Quelques jours aprez M. le Comte fit travailler à un fort quarré.

Merc. 29. — Carmain se rend[3], voyant M. le Marechal de Praslain et M. de Bassompierre proches d'eux

---

1. Heroard (Journal), II, 276.
2. Illisible dans le manuscrit.
3. Caraman, chef-lieu de canton, arrondissement de Villefranche (Haute-Garonne). — 1° Bassompierre, III, 82-84, raconte avec détails comment il amena les habitants à la reddition ; 2° Merc. fr., VIII, 652. Carman, selon le Mercure ne fut pas démoli par considération du comte de Carman, gouverneur de Foix, fort affectionné au service du Roi.

avec la plus grande partye de l'armée du roy. Le lendemain Cuc[1] en fît autant et bientost aprez, le 3° Juillet, le Mas St Espier[2] qui fut bruslé par accident, le roy estant à Castelnau Darry[3].

JUILLET

Vend. 1er. —

Lund. 4. — Le roy part de Thoulouze, va à Villefranche, 4 lieues. Le lendemain à Castelnau Darry[4], 3 lieues; le 13 à Alezonne, 3 lieues. Le 14 à Carcassonne, 3 lieues. Le 16 à Lezignan, 5 lieues. Le 17 à Narbonne.... lieues. Le 18 à Béziers[5] lieues.

Sam. 16. — Le roy envoye à M. de Lesdiguiéres les provisions de Connestable[6] de France et l'ordre de St Esprit avec dispence d'en prester le serment entre les mains de sa Majesté jusques à ce qu'il soit auprez d'elle.

---

1. Cuc-Toulza, chef-lieu de canton de l'arrondissement de Lavaur (Tarn). — 1° selon le Merc. fr., VIII, 652, les habitants abandonnèrent la ville.; 2° Bassompierre, III, 85 et 429, dit qu'elle fut prise, pillée et brûlée.

2. Mas S[tes] Puelles, canton et arrondissement de Castelnaudary (Aude). Selon Bassompierre, III, 87, la ville s'était rendue le 2 sans combat.

3. Merc. fr., VIII, 655.

4. Arnault et Heroard s'accordent pour mettre l'arrivée du Roi à Castelnaudary au 5 juillet. Bassompierre la met à tort au 4. Il y a dans les Mémoires de Bassompierre, à cette époque, confusion de dates.

5. 1° Bassompierre, III, 90-92 ; 2° Merc. fr., VIII, 662.

6. Voy. *Dufayard : Le Connétable de Lesdiguières, in-8°, 1892, Hachette, p. 499. Chap. XX, Lesdiguières Connétable.*

Jeud. 22. M. le Maral de Praslain, ayant deux ou trois jours auparavant assiégé Beydarieu [1] avec partye des forces de l'armée du roy, les ennemis tesmoignèrent grande vigueur au commencement, ayant faict une sortie de IIe hommes, où il y eut environ 30 des nôtres tuez ou blessez et entr'autres le premier capitaine du régiment de Piedmont nommé La Chapelle, dont M. de La Courbe a eu la compagnie. Ilz s'estoient persuadez de pouvoir tenir longtemps sur la difficulté qu'ilz croyoient à mener le canon; mais lorsque l'on eut tiré 36 volées de II canons de batterye et III coulevrines, ilz commencèrent à s'estonner, et environ 60 qui se vouloient sauver ayant quasy tous esté tuez, le reste se rendit à discrétion. M. le Maréchal de Praslain en fit pendre [2]..... Gignac, Villemagne, St Jean de La Blacquière et [3]..... se rendirent ensuite sans se faire battre.

Environ ce temps M. Desplan traicte avec le gouverneur du fort de..... (dont le roy lui a donné le gouvernement) à Lm livres.

Dim. 24. — M. de Lesdiguières se faict catholique dans la grande église de Grenoble avec de grandes solemnitez et une extresme affluence de peuple. M. l'ar-

---

1. Dans le Mercure cet endroit est nommé Bec de Riez ou de Riou. La relation du Mercure s'accorde, à part quelques nuances, avec celle d'Arnault. Malgré la différence de nom, c'est le même lieu.
2. Il y a un blanc dans le manuscrit. Le Mercure dit qu'on en pendit une douzaine.
3. Blanc dans le manuscrit.

chevesque d'Ambrun receut sa profession de foy. — Le 26 il receut l'ordre du S¹ Esprit ; M. de Créquy et M. de S¹ Chaumont avoient eu commission du roy pour le lui donner[1].

M. de Tilladet, capitaine au régiment des gardes, meurt du pourpre à Beziers. Le roy donne sa charge à son filz aisné, qui estoit son lieutenant il y avoit fort longtemps.

M. le Baron de La Croix, lieutenant coronel au régiment de Normandye, meurt aussy à Beziers. Le roy donne sa charge à M. de Veynes et celle de capitaine de M. de Veynes à M. de [2].....

M. de Done[3]..... d'une compagnie aux gardes du corps meurt aussy à Beziers.

Mard. 26. — M. le Prince part de Beziers pour aller à l'armée, et le lendemain M. de Schonberg et M. de Bassompierre y vont aussy.

Les galaires estant partyes de Bourdeaux pour aller à Nantes prirent un vaisseau, dans lequel il y avoit 14 gentilzhommes Normans, qui alloient à La Rochelle.

M. de Vendosme va assiéger Lumbez[4]. Les ennemiz,

---

1. Voy.: 1° Mercure VIII, 683-701, les cérémonies publiques de cette abjuration qui durèrent quatre jours ; 2° Dufayard : *Le Connétable de Lesdiguières*, p. 506. Il donne, p. 513, une liste d'ouvrages relatifs à l'abjuration.

2. Blanc dans le manuscrit.

3. Blanc dans le manuscrit.

4. Lombeze, chef-lieu d'arrondissement (Gers). Merc. fr. VIII, 805. Le Mercure dit, p. 806, que M. de Vendôme donna le pillage aux soldats, fit démolir les murailles et combler les fossés.

qui estoient 500, font deux sorties en mesme temps, l'une de 200 et l'autre de 100 hommes, grande escarmouche. Ilz perdirent environ 60 hommes tant que tuez que blessez et nous 40. Le lendemain le marquis de Malauze[1] avec 3000 hommes de pied et 400 chevaux qu'il avoit ramassez des garnisons voisines de la valée de Mezimes et des montagnes estant venu pour faire lever le siége, M. de Vendosme ayant laissé ses tranchées fortiffiées d'hommes s'en alla droit à luy. Il n'y eut point de combat général; mais il se fit diverses charges depuis midy jusques à 8 heures du soir, auxquelles nous eusmes de grands avantages sur les ennemis qui n'ayant pu exécuter leur desseing se retirèrent à demi lieue de là dans une place nommé Realmont, et les assiégez voyans 6 de noz canons de batterie qui avoient désja fait une grande bresche, et désesperans d'estre secourus, abandonnèrent la place et se retirèrent aussy à Realmont. M. de Vendosme, craignant que, si ses soldatz s'amusoient au pillage, il fut facile aux ennemis qui estoient sy proches de les charger et de les deffaire, il fit mettre le feu dans la ville.

---

1. Henry de Bourbon, 2ᵉ du nom, fils de Henry de Bourbon, 1ᵉʳ du nom, et de Françoise de S. Exupery, dame de Miramont ; marquis de Malauze et comte titulaire de Lavedan, filleul du Roi Henri IV, lors Roi de Navarre, capitaine de 50 hommes d'armes en 1618, commissaire des colloques d'Albigeois et de Rouergue en 1622, maréchal des camps et armées du Roi, fit en sa 70ᵉ année profession de la foi catholique le 3 octobre 1647. Il mourut le 31 décembre suivant.

Voy. Haag, France protestante. T. II, 475, un intéressant article. Il fait mourir Malauze à 80 ans, le P. Anselme dit 70 ans.

En toute ceste occasion nous avons eu environ 150 hommes tuez ou blessez et les ennemis quelque trois cens. M. du Hallier qui sert de maréchal de camp en ceste armée y acquit une extresme réputation.

Montguier[1] pris aprez un siége de 3 jours. Les ennemis abandonnèrent Marsillargues[2], qui estoit une assez bonne place, pris aussy aprez un siège de 3 jours, les ennemis s'estans renduz lorsqu'ilz virent les canons en baterye, à condition que les habitans auroient la vye sauve et les soldatz sortiroient avec le baston blanc.

AOUST

Lund. 1er. —

Mard. 2. — Approches de Lunel[3]? Un secours de 700 hommes qui y vint durant le siége et passa par Sommières. Il y avoit dans la place plus de 1200 soldatz estrangers sans les habitans et néantmoins le 5e jour du siége, après que XVIII canons de baterye eurent tiré 250 coups, ilz se rendirent à condition que les habitans auroient le bien et la vye sauves et que les soldatz emporteroient leurs armes et leur bagage. Ceste capitulation ne fut pas trop bien observée[4], car plusieurs

---

1. Mauguio, chef-lieu de canton, arrondissement de Montpellier (Hérault). — 1° Merc. fr., VIII, 794; 2° Bassompierre, III, 94.

2. 1° Merc. fr., VIII, 794; 2° Bassompierre, III, 95-97, adoptant l'avis que donna Thoiras à voix basse, il fit en même temps les sièges de Mauguio, de Marsillargues et de Lunel.

3. 1° Merc. fr., VIII, 794, 2° Bassompierre, III, 97-101.

4. 1° Merc. fr., VIII, 795; 2° Bassompierre, III, 101. Malgré son avis, Praslin n'aurait pas pris les précautions nécessaires.

soldats et paisans s'estans assemblez pour les voir passer et l'armée n'ayant pas esté mise en bataille, on commencea à voulloir prendre les armes de quelques'uns et en suitte le désordre fut tel que l'on en tua plus de 300[1] et on en déspouilla grand nombre d'autres sans que les officiers de l'armée qui blessèrent plus de 30 soldatz à coup d'espée y pussent donner ordre. — M. le Prince en condamna 12 à estre penduz, dont on en pendit deux[2].

Aymargues, Vauver, St Gilles et quelques autres petites places[3] se rendirent ensuite.

Environ ce temps M. de Bertichere[4] meurt dans Sommières.

Conditions d'un accommodement dont M. le Mareschal de Créqui fut porteur, résolues à Beziers le 10 aoust 1622[5].

---

1. 400, selon Bassompierre.
2. Bassompierre, III, 102, fit pendre huit de ces pillards.
3. Bassompierre, III, 96, complète cette liste : Pignan, Gigean, Assas, Montferder, Esmargues, St-Gilles, St-Geniès, St-Anastasies.
4. Abdias de Chaumont, seigneur de Bertichères, 3e fils d'Antoine de Chaumont, seigneur de Quitry, et de Jeanne-d'Assy, Gouverneur d'Aigues-Mortes.
Le P. Anselme, Moreri et la France protestante ne donnent pas d'autres détails.
5. Fontenay Mareuil, Mich. et Pouj., 170 : « Ceux par qui M. le Connétable « faisoit négocier, le représentoient si bien à M. de Rohan, et qu'il trouverait « mieux son compte traitant devant la prise de Montpellier qu'après, qu'à la fin « il s'y résolut, comme le Roi aussi qui jugea a meilleur de finir promptement « une chose de cette conséquence. »
La pièce que donne Arnault me paraît la première rédaction du traité proposé à M. de Rohan ; il obtint des conditions plus favorables pour lui et pour ses enfants. Voy. P. Grillet, *Histoire de Louis XIII*, 3 vol. in-4°, 1758. T. 1, 375 et 387.
Depuis le commencement de l'année, Lesdiguières engageait Rohan à se soumettre au Roi. Ils avaient eu une entrevue le 25 mars à Laval, près le pont St-Esprit. Voy. Dufayard : *Le Connétable de Lesguières*, in-8°, 1892, Hachette, p. 491 et suivantes.

L'on ne traictera, s'il se peut, avec M. de Rohan que pour les villes du bas Languedoc, sinon pour tout le Languedoc seulement.

L'on ne luy accordera aucun establissement de places, mais de l'argent jusques à deux cens mil livres, et sy l'on estoit en nécessité de luy accorder une ville, il faudroit que ce fust Castres en desmolissant toutes les nouvelles fortifications ;

Que le roy disposera de toutes les places du Hault et Bas Languedoc qui sont ez mains de ceux de la Religion prétendue réformée pour en desmolir ou conserver ce qui luy plaira, hormis Montpellier, Nismes et Castres, lesquelles trois villes razeront toutes leurs nouvelles fortification ou au moins les deux tiers d'icelles en telz endroits que sa Majesté l'ordonnera et pour l'effect susdit bailleront au roy les seuretez convenables ;

Que sa Majesté entrera dans ces trois villes comme elle faict dans les autres de son Royaume sans toutefois y laisser garnisons n'y y bastir citadelles ;

Que ceux de la Religion prétendue réformée, mettront les armes bas dans le Bas Languedoc ;

Et moyennant cela, qu'abolition sera accordée à Mrs de Rohan et de Soubize comme aussi à ceux qui les ont suiviz ;

Beauvoir sur Mer[1] sera rendu à Mad^{lle} de Rohan, quand les fortifications y auront esté razées.

---

1. Chef-lieu de canton, arrondissement des Sables-d'Olonne (Vendée).
Les ruines du château couvrent, dit-on, douze hectares.

— 57 —

La Liberté de Conscience et l'exercice de la religion suivant les edictz leur sera accordée.

L'on ne parlera point de chambres mipartye ny de l'édict du petit estat de ceux de la Religion ny des assemblées autres qu'ecclésiastiques.

Toutes les villes que le roy demande par ce traicté sont d'aucune considération à ceux de la Religion prétendue réformée pour ce que sa Majesté les prendra toutes en se promenant.

Il ne fault point parler du pays de Foix affin que le roy puisse disposer de ces petites places comme il luy plaira.

Jeud. 11. — Le roy va de Beziers à Pezenas ; 4 lieues. Le 12 à Meze[1]..... lieues. Le 13 à Frontignan[2]..... lieues. Le 14 à Montguyon[3] ; 3 lieues. Le 15 à Lunel ; 2 lieues.

Sam. 13. — M. le Cardinal de Retz meurt à Beziers, le 14° jour de sa maladye[4]..... donné à M. de S¹ Aubin,

---

1. Blanc dans le manuscrit.
2. Blanc dans le manuscrit.
3. Mauguio.
4. Henri de Gondy, fils d'Albert de Gondy, duc de Retz, maréchal de France, et de Claude-Catherine de Clermont, baronne de Retz.

Né en 1572, chanoine de Paris en 1587, il eut les abbayes de Buzay, de la Chaume, de S¹-Jean-des-Vignes de Soissons ; maître de l'Oratoire du Roi, évêque de Paris en 1598, proviseur de Sorbonne en 1616, cardinal en 1618, chef du Conseil, meurt le samedi 13 août 1622, sur les dix heures du soir.

Bassompierre, III, 100. le fait mourir avant le 7 août ; la *Gallia christiana* le 22, le dictionnaire des Cardinaux de l'abbé Migne le 3, Richelieu le 16.

Richelieu, Mich. et Pouj., I, 267, apprécie le caractère du Cardinal avec injustice et passion. Il faut se défier des appréciations de Richelieu.

S¹ Jean des Vignes, au Cardinal de Savoye. La couronne, aux Jésuites. Buzet et Quinperlé par la reyne mère au filz de M. le Général..... abbaye de Champagne.....

Dim. 14. — M. de Pugeoles, capitaine au régiment des gardes, tué à Sommières (assiégé le jour de devant par M. le Prince, M. de Praslain et M. de Schonberg), d'une mousquetade à travers le corps. — M. de Coustelnau eut sa compagnie. — M. le duc d'Halwin, blessé d'une mousquetade à la jambe et M. de Saldagne d'une autre dans le genouil.

Mard. 16. — Sommières rendu[1] à condition que les habitans auroient la vye sauve et que les soldatz sortiroient sans bagage et sans armes que leurs espées. Il en sortit 1114. La capitulation fut fort bien observée.

M. de La Roche[2] remet S¹ Geniez et S¹⁰ Anastazie entre les mains du roy, qui sont des places importantes dans les Sevennes.

Ce qu'il semble que le roy peut faire pour le mieux.

Le roy commandera qu'Usez soit bien recogneu et en cas que les fortifications en soient imparfaictes, sa Majesté l'ira attaquer avec son armée.

En mesme temps, M. le Connestable ne logera le Vivarestz avec son armée ;

---

1. 1° Selon Bassompierre, III, 107, Sommières capitula le 16 et se rendit le 17 ; 2° Fontenay Mareuil, Mich. et Pouj., 169.
2. Bassompierre, III, 96.

Et M. de Montmorancy ira avec ses troupes fortifiées de 11^m hommes du Vivarestz dans les Sevennes pour y attaquer les places de ce pays là avec 6 pièces.

M. de Vendosme sera fortifié de M hommes qui luy conduiront des poudres de quoy tirer 1500 coups de canon et avec cela et ce qu'il a, il prendra quasy toutes les places de l'Albigeois et Lauraguaiz.

Sy toutes ces armes exploictent[1] bien en mesme temps, elles prendront bientost tout ce que les Huguenotz tiennent en ces contrées là et puis le roy envoyera une bonne armée pour netoyer le pays de Foix.

Pendant que cela s'exploictera, le roy, après la prise d'Usez, se viendra loger à la teste de Montpellier ou Nismes et y fera faire à chacune place et le plus prez qu'il se pourra un fort de cinq grands bastions capables de tenir 1200 et 1500 hommes de pied et 200 chevaux avec du canon.

Ces choses exécutées et le roy laissant 4000 hommes de pied et 400 chevaux dans le Bas Languedoc, 2000 hommes de pied et 200 chevaux dans le hault pour s'asseurer qu'en choisissant bien les hommes qu'il mettra dans les fortz, ceux qu'il laira dans les places qu'il jugera à propos de ne pas demolir et ceux qui commanderont les troupes, Sa Majesté se pourra asseu-

---

1. C'est le vieux sens du mot, pour agir, achever. Voy Littré (dictionnaire). V° exploiter : *Si me laissez aller s'en exploiteront mieux mes besognes* (Froissart)... *et tant exploicièrent qu'ils tuèrent plus de 800 hommes.*

rer d'avoir bientost reduit ces deux villes en telle extrémité que leur meilleure condition sera d'avoir recours à la miséricorde du roy qui leur pourra ordonner de razer leurs fortifications et d'ouvrir leur villes du costé du fort affin qu'il leur serve de citadelle.

L'autre conseil que l'on peut donner au roy est qu'il vault mieux attaquer une grande place ; qu'icelle prise, toutes les petites obéiront ; que cela est de plus grande réputation pour le roy ; qu'il faut commencer le plutôt que l'on pourra pendant que l'armée est encor en quelque vigueur ; qu'en vain le roy a levé tant d'hommes, faict provision de tant de poudres, de canons, sy ce n'est pour de grandes entreprises.

Prenant toutes les petites places, comme il est dit cy devant, c'est comme couper les vaines qui nourricent le corps.

Le roy, par le conseil de se rendre maistre des petites places, acquierra beaucoup de pays, y establira avec son authorité la religion catholique et par conséquent rendra avec le temps ces grandes villes sans soldatz du plat pays pour les déffendre.

Ces petites places ne sont pas à mespriser ; car ce sont toutes Rochelles pour les armées de pays ou d'ordinaire le roy est fort mal servy.

Il faudroit envoyer M. de Chaban avec M. de Montmorancy et M. de Coudroy avec M. de Vendosme.

Vend. 19. — Le roy donne à M. d'Espernon le gouvernement de Guyenne avec le château Trompette, Nérac et Bergerac [1].

Sam. 20. — M. de Chastillon faict le serment de maréchal de France [2].

Dim. 21. — M. le Maréchal de Créqui et M. de Bullion viennent trouver le roy de la part de M. le Connestable pour luy rapporter ce qu'il avoit negotié avec M. de Rohan sur le subject de la paix. Ils s'estoient premièrement assemblez à St Privas, puis à Montfrin.

Lund. 22. — Le roy va à Aigues-Mortes dont il donne le gouvernement à M. de Varennes [3] et IIII^c m. livres de récompence à M. de Chatillon tant pour cela que ses autres prétentions ; scavoir : c^m livres comptant et les autres III^c m. livres sur l'année prochaine.

M. de Montmorancy va dans les sevennes avec ses troupes, les lansquenetz et le regiment de Stissac ; mais il s'en revint sans rien faire, disant qu'il n'avoit point de pain de munition.

Au Conseil tenu à Aiguesmortes sur les propositions

---

1. Voy. Bassompierre, III. 108, le partage des gouvernements abandonnés par d'Espernon.

2. Gaspard de Coligny, 3e du nom, seigneur de Chastillon-sur-Loing, fils de François de Coligny et de Marguerite d'Ailly, né le 26 juillet 1584, mort le 4 janvier 1646. Il avait été fait maréchal le 11 février 1622. Bassompierre, III, 109, dit à tort le 21.

Le maréchal a son historiette dans Tallemant, T. IV, 221. Ed. Paulin Paris 1855, Techener.

3. Bassompierre, III, 109 : François de Nagu, marquis de Varesines, baron de Marzé, maréchal de camp, chevalier des ordres, mourut en 1637. Il était fils de Jean de Nagu et de Philberte des Loges.

de M. de Créquy, M. le Prince opina absolument à la guerre[1] et M. de Schonberg à insister que le roy entrast dans toutes les places sans exception avec telles formes qu'il luy plairoit, que les fortifications de toutes les petites seroient razées. La moityé au moins de celles de Nismes et Montpellier et Castres en telz endroictz que le roy voudroit. Il passa a.....[2]

Vend. 26. — Le roy part de Lunel, va à Mont-Guyon, où M. le Connestable le vint trouver[3]. Querelle de M. le Chevalier de Souvré avec M. de Blainville ; ne se blessèrent. M. de St Surin, second de Blainville, reçoit un coup d'espée dans le bras et en donne un dans le corps à Du Puy.

---

1. 1° Bassompierre, III, 111 : « M. le Prince, ennemi mortel de la paix, avait « dit en plusieurs lieux que si le Roi entrait dans Montpellier il la ferait piller » quelque diligence que l'on sût faire au contraire. Ces paroles, sues des habi- « tants, furent cause de la prolongation de la résistance ; » 2° Fontenay Mareuil, Mich. et Pouj., 171 : « M. le Prince affectait particulièrement de se montrer « contraire aux Huguenots parce que la Reine, qui continuait à ne pas avoir « d'enfant faisant croire ses espérances, il s'imaginait, comme l'avait esprouvé « Henry le Grand, qu'il ne pourrait jamais estre Roi bien paisible et bien absolu, « sans estre estimé bon catholique et qu'il lui estait même plus necessaire qu'à un « de le témoigner à cause de ses pères. » 3° P. Griffet, I, 375. 4° Fontenay Mareuil, Mich. et Pouj., 167 : « Il me dit (le Prince) comme je lui disais qu'on s'estonnait de « lui voir poursuivre les Huguenots avec tant de chaleur, que c'estoit parce que la « couronne estant enfin venuee au Roi Henry le Grand, qui s'en estoit veu bien « plus esloigné que luy, il ne vouloit pas, sy ce bonheur arrivoit jamais à luy ou « à quelqu'un des siens, qu'il luy peust estre reproché de ne les avoir pas ruinés « quand il auroit peu. »

2. Inachevé.

3. Le Mercure dit à tort, VIII, 810, que la rencontre eut lieu à la Verune. Voy. : 1° Bassompierre, III, 109 : « Le vendredi 26° le Roi vint coucher à « Mauguiot où le maréchal des Diguières arriva. » 2° Heroard, II, 279.

Sam. 27. — Le roy va à La Verune[1]; 3 lieues.

M. de Créquy va quérir M. de Rohan à deux lieues de Lunel et le mène jusques dans les portes de Montpellier, affin de leur faire aprouver le traicté que ceux de Nismes et Usez avoient consenty.

Dim. 28. — M. de Lesdiguières faict le serment[2] de Connestable entre les mains du roy.

Lund. 29. — Le roy donne[3] à M. de Schonberg le gouvernement de Limousin, Angoulmois et citadelle d'Angoulesmes et à M. le Mar^{al} de Praslain, ceux de Xaintonge et pays d'Aulnix.

On croyoit assurément la paix faicte, lors que ceux de Montpellier firent responce qu'ilz aymoient mieux mourir tous que souffrir que le roy entrast[4] dans leur ville.

Mard. 30. — On va recognoistre Montpellier[5] M. le comte de Maillé receut une mousquetade dans l'os de la joue. Le jeune Montalan fut aussy blessé.

---

1. Bassompierre, III, 109.
2. Bassompierre, III, 110, dit à tort le 29. Il y avait longtemps que le Roi avait envoyé l'épée.
3. Voy. Bassompierre, III, 108, les démarches qu'il fit à propos de cette dépouille d'Espernon.
4. Ils craignaient d'être pillés se rappelant les menaces du Prince de Condé.
5. 1° Merc. fr., VIII, 811; 2° Bassompierre, III, 117.

SEPTEMBRE

Jeud. 1er. — M. de Vic, garde des Seaux, meurt à Pignan le 7e jour de sa maladie [1].

Le roy commet Mrs de Caumartin, de Préaux, de Bulion, Aligrè, de Lion et Viguier pour tenir le seau en attendant que l'on eust pourveu à la charge.

M. Galeteau, 1er vallet de chambre du roy, gardoit les seaux et les leur portoit touttes les fois qu'ilz alloient au quartier du roy pour sceller [2].

Vend. 2. — Les nôtres ayant occupé une espèce de fort nommé...[3], les ennemis vinrent pour sortir du costé de Picardye; mais ilz trouvèrent que M. Zamet et M. de Lyancour y avoient mis un tel ordre qu'ilz n'osèrent les attaquer; de là ilz furent environ xvc hommes de pied et iiii xx chevaux armez attaquer les nôtres qui voyant venir ceste cavalerye derrière eux et les ennemis en costé (qui venoient à la file et en mauvais ordre) firent quelque salve et puis s'enfuyrent. M. de St Brist, M. de Canillac, son beau filz et le chevalier de Fabrègues

---

1. Merc. fr., VIII, 804.
Le P. Griffet le fait mourir le 2 septembre.

2. Le P. Griffet, I, 389, met Léon Brulart, omet Bullion.

3. Arnault laisse le nom en blanc. C'est le tertre St-Denis. Voy. P. Griffet, I, 380 et Bassompierre, III, 120. Les auteurs désignent cette hauteur par le nom de fort St-Denis, même avant que le fort fût construit.

deux de ses capitaines, M. de Fabrègues, mestre de camp et son frère et M. de Combalet[1], dont M. de Manicamp a eu la charge de capitaine au régiment de Normandye, qui estoient en leurs charges y furent tuez. M. de Montmorancy voyant ce désordre du quartier du roy monta à cheval suivy de quelques seigneurs et gentilzhommes à la file et sans aucun ordre et s'alla jetter au milieu des ennemis où il fit merveilles en ayant tué deux de sa main et prit Carlincas qui lui rendit son espée, laquelle il bailla à un soldat des ennemis pensant la bailler à un des siens et ledit Carlincas se sauva ; M. de Montmorancy estant blessé de deux coups de picque[2], M. de Bressieux, suivy de 3 gentilzhommes à luy, le desgagea du combat. Argencour[3] pouvoit tuer M. de Montmorancy mais il ne le vouloit pas ; qu'il se retirast ; qu'un homme de sa qualité ne debvoit pas estre là et qu'il n'y faisoit pas bon pour luy. — M. le duc de Fronsac[4], M. le Marquis de Beu-

---

1. 1° P. Griffet, I, 382 ; 2° Merc. fr., VIII, 814, disent à tort qu'il fut tué de sang-froid ; 3° Bassompierre, III, 122.

2. 1° Bassompierre, III, 121 ; 2° Baudier, Histoire de Toiras, in-f°, 1644. p. 20, dit qu'il fut averti de se retirer par Argencourt et Azemar.

3. Ingénieur, travailla à la défense de Montpellier en 1622, en 1625 il construit la citadelle de S¹-Martin, dans l'île de Ré ; en 1630 il dirige les travaux de la citadelle d'Oleron. Richelieu le charge des fortifications du Brouage. Le 25 septembre 1637 il force le château de Rochefort a se rendre et se distingue à Leucate contre les Espagnols.
Malgré ses exploits et sa réputation, les historiens parlent peu de lui, on ne sait ni la date de sa naissance ni celle de sa mort.

4. Léonor d'Orléans, Duc de Fronsac, fils de François d'Orléans, comte de S¹-Paul, et de Anne de Caumont, né le 9 mars 1605, mort à 18 ans. Bassompierre, III, 121, fait son éloge : « Le Duc de Fronsac, jeune Prince de grande espérance
« et qui fut à mon avis esté un jour un grand capitaine, je n'ai jamais veu per-
« sonne se prendre mieux a nostre mestier où il se portoit sans fard ny sans ostenta-
« tation, et qui avoit un extrême désir de le bien apprendre. »

vron, M. le vicomte de Canillac, M. Douctot, M. de Montbrun Lestrange et M. de Lussan y furent tuez[1]. Depuis M. le prince de Jinville fut commandé par le roy de gaingner le mesme lieu et de faire un bon logement. — Les ennemis quictèrent, et les nôtres disans qu'il n'y avoit point de terre ne s'y logèrent point, et le lendemain les ennemis y revindrent et s'y sont fort bien logez[2].

Sam. 3. — Mon cousin de La Roche[3] tué à Bergopson, où il avoit acquis une sy grande réputation pour son âge que tous les vieux capitaines le pleurèrent.

Les ennemis ayant faict trois sorties sur Picardye furent toujours battuz et avec perte et ayans eu des gens de commandement et 25 ou 30 des leur de tuez par le bon ordre de M. Zamet et de M. de Lyancour. — Mais M. Zamet[4] revenant du combat receut un coup de canon dans la cuisse dont il mourut le 8 septembre[5],

---

1. 1° Merc. fr., VIII, 815; 2° Bassompierre, III, 122; 3° P. Griffet, I, 382; 4° Baudier, Histoire de Toiras, p. 20.

2. Bassompierre, III, 124 : « Les ingénieurs et Gamorini mesme maintindrent « que l'on ne pouvoit loger et qu'il n'y avoit pas de terre suffisante a se couvrir, « et il parut bien s'il estoit impossible de s'y loger, car les ennemis a nostre « barbe y bastirent un fort.

3. Le plus jeune fils d'Isaac Arnault l'intendant et de Marie Perrin, frère d'Arnault du fort, Arnault d'Andilly (Mémoires), Mich. et Pouj., 419. Voy. les historiettes des Arnault, par Tallemant, Ed. Paulin Paris, III.

4. Jean Zamet, baron de Murat et de Billy, fils aîné de Sébastien Zamet, Conseiller du Roi, capitaine et surintendant de Fontainebleau, gentilhomme de la chambre, maître de camp du régiment de Picardie, maréchal de camp. Arnault, dans ses Mémoires, Mich. et Pouj., 438, fait son éloge.

5. Bassompierre, VIII, 123 : « Comme il alloit recognoistre quelque chose « durant qu'une escarmouche duroit, qu'il avoit fait exprès attaquer, un coup de « moyenne tiré de la ville luy cassa la cuisse dont il mourut trois jours après. » La moyenne est une pièce de canon du calibre de quatre livres.

jour de la Notre-Dame. Il faudroit une main de papier pour escrire les témoignages de piété, de courage, de constance et de patience qu'il rendit en touttes ses actions jusques au dernier souspir. — Le roy conserva à M. son filz[1] sa pension de vɪᵐ livres et accorda à Madame sa femme[2] de faire les fonctions de la charge de Fontainebleau, (dont il avoit la survivance), jusques à ce qu'il fust en âge.

Jeud. 8. — M. de Gamorini tué d'une mousquetade par la teste en regardant entre deux barriques dans son travail[3].

Le soir les ennemis ayans faict une sortye prirent prisonnier M. Deschamps[4] capitaine au régiment de Na-

---

1. Jean Zamet, 2ᵉ du nom, mort à 22 ans le 16 janvier 1636. Il avait 8 ans à la mort de son père.

2. Jeanne de Goth, fille de Jacques, baron de Rouillac, et d'Hélène de Nogaret la Valette, sœur du Duc d'Epernon.

3. 1° Bassompierre, III, 126 : « Le dimanche 11ᵉ Gamorini fut tué en se met- « tant entre deux paniers pour regarder celle barricade de gabions creux mise la « nuit précédente, que Toiras luy monstroit, qui fut une grande perte pour le Roy, « car c'estoit un homme bien entendu pour les sièges. » Le Mercure fr.,VIII, 820, met sa mort au 5, il dit May par une faute d'impression. Il y a donc 3 dates : 5, 8 et 11 septembre.

4. 1° Bassompierre, III, 127 : « Nous trouvames les ennemis occupés à ren- « verser la cabionnade, et Deschamps leur ayant crié, pensant qu'ils fussent des « nôtres : Morbleu que faites vous, vous rompez notre barricade, il fust aussitôst « respondu de quatre ou cinq coups d'espée et on l'alloit achever, sans qu'il cria : « Je suis Bassompierre ; il y a vingt mille escus à gaigner. Alors ils le saisirent et « le firent prisonnier pensant que ce fut moi ».

2° Baudier, histoire de Toiras, in f° 1644, Cramoisi, p. 11, donne d'autres détails,... « Un jour comme Gamorini lui montrait son travail afin qu'il en fit son « rapport à sa Majesté, c'était au siège de Montpellier, une mousquetade perça le « chapeau de Toiras, le lui emporta et alla donner dans la tête de Gamorini qui « était derrière lui et le tua. »

varre, blessèrent Porcheux, autre capitaine et Cambis [1] sergent-major, tuèrent 7 ou 8 des nôtres et en blessèrent environ autant ; mais il y eut plus de 25 ou 30 des leur tuez ou blessez et quelques prisonniers.

Vend. 9. — Le roy ayant eu adviz du secours monta à cheval avec plus de 500 chevaux et alla plus de 3 lieues au-devant, mais ne se trouva rien.

M. d'Elbeuf arriva à la cour ce mesme jour.

Lund. 12. — Provisions de M. d'Ocquerre scellées pour la charge de secrétaire d'estat de feu Potier maître de Seaux [2].

---

1. Bassompierre, III, 127.

2. Nicolas Potier seigneur d'Ocquerre, secrétaire d'Etat sur la démission de Louis Potier son oncle, seigneur de Gevres et de Seaux. Depuis le 5 juillet 1614 Président de la Chambre des comptes, il mourut au siège de La Rochelle en 1628.

Il était fils d'Isabelle Baillet, fille de René Baillet, président au Parlement, et de Nicolas Potier, conseiller au Parlement, président de la Chambre du Parlement établie à Châlons, chevalier de Marie de Médicis.

Heroard II. 279 in-8° 1868 Didot : « Le 12 lundi, le Roi va au Conseil fait celler « en sa chambre et en sa présence les provisions de Secrétaire d'Etat pour « M. d'Ocquerre, par la signature de M. de Gevres, son oncle. »

Arnault dit dans ses mesmoires, Mich. et Pouj., 2ᵉ Série, IX, 437 que le Roi lui fit offrir la charge de Secrétaire d'Etat qu'avait eue M. de Sceaux en donnant 100.000 livres de récompense à ses héritiers, c'étoit la seule chose qu'il eut jamais désirée, mais il craignait que cette grande somme ne ruinat sa famille s'il venait à mourir, et la charge passa à M. d'Ecquerain cousin germain de M. de Sceaux qui en fut pourvu le 12 septembre durant le siège de Montpellier.

Ecquerain est une faute d'impression mais Arnault se trompe en disant Ocquerre cousin de M. de Sceaux, il était son neveu.

Louis Potier de Gevres mort en 1630 avait en 1604 fait passer la survivance de la charge de secrétaire d'Etat à son troisième fils Antoine Potier qui l'exerça à partir de 1614 et mourut au siège de Montauban le 13 septembre 1621. Le père reprit alors la charge et s'en démit au bout d'une année au profit de son neveu Nicolas Potier d'Ocquerre. Voy. Saint Simon Ed. Boislisle II, 27, note de Boislisle et P. Anselme IV. 769.

Environ ce temps, le roy choisit M. le Card{al} de La Rochefoucaut[1] pour tenir dans le Conseil la place qu'avoit M. le Card{al} de Retz.

Mard. 13. — Les gardes font une attaque à une grande corne de Montpellier; Normandie, Piedmont et Stissac donnèrent aussy et des gensd'armes et.....[2] chevaux légers armez meslez avec l'infanterye et tous avoient des chemises[3] par-dessus eux à cause que c'estoit à l'entrée de la nuit. Cela réussit fort bien; car les nôtres gangnèrent toutte la corne et tuèrent 100 ou 120[4] des ennemis. Il y eut environ 100 des nôtres tuez ou blessez. M. le Chevalier De Lage demeura sur la place et M. de Tarant[5] aussy. Sa charge de capitaine du régiment de Normandye fut donnée au..... du régiment des Gardes, celle de Grand Sénéchal de Guyenne à....,

On mit un exempt dans Briteste.

Le chevalier de Manican fut fort blessé[6].

Mrs de Praslain, de Schonberg et de Bassompierre commandaient en ceste attaque.

---

1. François de La Rochefoucault cardinal de Saint-Calixte du 10 décembre 1607 grand aumônier de France mort le 14 février 1645.

Fils de Charles de La Rochefoucault, comte de Randan, colonel général de l'infanterie française, et de Fulvia, Pic de la Mirande.

2. Ce passage, couvert par une tache d'encre, est illisible.

3. Merc. fr., VIII, 821.

4. Le Mercure dit 250.

5. Bassompierre, III, 120.

6. Le Merc., VIII, 821, dit tué.

Mecr. 14. — M. le Vice Légat d'Avignon avec son frère et 2 ou 3 gentilzhommes du Comtat, M. le comte Thorigny et M. de Souspir pris prisonniers par ceux de de Nismes et M. Baralis......[1]

Ce mesme jour le roy receut nouvelles de Rome de la promotion de M. de Lusson au Cardinalat.

Environ 19, mort de M. le Comte d'Alez à Pezenas. Il avoit esté désespéré à Arras et puis guéry et n'avoit peu avoir esté transporté par les siens.

Mard. 20. — On commence à battre Montpellier avec 24 canons[2] et on tira ce jour-là 800 coups qui furent inutiles parce que les nôtres n'attaquèrent pas les bastions qu'ils avoient réduict en estat d'être emportés et de s'y loger.

Vend. 23. — Le roy donne les Seaux à M. de Caumartin[3]. M. de Pisieux et M. de Bassompierre y portèrent le roy après avoir faict touttes sortes d'effortz pour M. le Chancelier; à quoy le roy ne se voulut jamais porter encor que M. le Prince et M. de Schonberg lui eussent rendu office &c. Depuis M. de Pisieux demanda que l'on les baillast scellés pour 15 jours à M. le Chancelier; mais on creut que, sy cela avoit lieu, il ne les rendroit jamais qu'entre les mains d'une personne qui seroit sa

---

1. Ce paragraphe est inachevé.
2. Le nombre d'abord de 16 est porté à 30. Merc. fr. VIII, 823.
3. 1° Bassompierre, III, 133-140, fait connaître les démarches qu'il fit pour obtenir cette nomination et écarter M. d'Aligre; 2° Heroard, II, 279.

créature ; et cela estant, M. le Prince et M. de Schonberg portèrent M. Haligre pour être garde des Sceaux ; mais on luy rendit de mauvais offices auprès du roy, à qui l'on dit, entr'autres choses, qu'il avoit cabalé avec les financiers.

Lund. 26. — M. de Schonberg guérit le 7e jour par une grande suyée d'une périlleuse fiebvre continue.

Mard. 27. — M. de Castelnau, capitaine aux gardes, tué d'un coup de canon[1]. Le roy donne sa charge à M. de Chantelot, 1er capitaine du régiment d'Estissac.

M. de Rhodes meurt à Castelnau du quartier du roy d'une fiebvre. Ses charges furent conservées à son filz.

8 ou 10 jours auparavant, le roy avoit faict 12 brigades des seigneurs et gentilzhommes de la cour pour entrer en garde auprez de Montpellier et soulager la cavalerye occupée au secours ; sçavoir, 2 de sa Majesté commandées par Mrs de Chalez et de Rhodes. — M. le Prince — M. le Prince de Jinville — M. d'Elbeuf — M. le Grand Prieur — M. de Montmorency — M. de Schonberg, commandée par Cte de Pontgibault — M. de Bassompierre — M. de Courtaveaut — M. le Cte de La Rocheguyon et M. le Marquis d'Oraison.

---

1. Merc. fr., VIII, 824.

OCTOBRE

Sam. 1ᵉʳ. —

Dim. 2. — L'on faict une attaque [1] à une demye lune entre deux bastions, où il estoit impossible de se loger à cause qu'elle estoit plus basse que lesdits 2 bastions, qu'elle estoit veue de toute la muraille de la ville et qu'elle estoit retranchée et palissadée. Mais M. le Prince, persuadé par M. de Chabans [2], s'y opiniastra contre l'advis de tout le monde. Nous fusmes repoussez et

---

1. Bassompierre, III, 143, les détails de cette attaque qu'il trouve mal conçue.
2. Louis, sieur du Maine, dit le Baron de Chaban, gouverneur de Sᵗᵉ-Foy, tué le 26 décembre 1632. 1° Bassompierre, III, 130 : « C'estoit un proposeur de des-
« seins qui les donnait a l'oreille aux généraux, blasmant tous ceux qui travail-
« loient et taschant de s'installer en leur place, et puis quand il y estoit estably, il
« commençoit un dessein apparent et le conduisoit jusques a un certain point
« autant que sa suffisance (qui n'estoit pas grande) luy pouvoit permettre, et puis
« feignoit une maladie ou faisoit valoir quelque legere blessure ou pratiquoit
« quelque commission et laissoit là l'ouvrage commencé. » Et p. 147, le 3 Octobre,
au conseil de guerre « M. d'Espernon dit : Messieurs, c'est de ces messieurs qu'il
« se faut fier et au conseil desquels il faut croire, car c'est leur métier et non ad-
« adjouter foy et créance à ce petit bavard (montrant Chabant), quy n'y entent
« rien et que vous devriez renvoyer jouer du violon qui est son mestier. »
C'est le personnage que nous trouvons dans Tallemant Historiette de la ma-
réchale de Themines, Ed. P. Paris, T. IV, 204 :
« Il portait l'espée mais on l'accusait d'avoir été violon ou joueur de luth. Un
« jour il s'avisa de faire des propositions au Conseil, car il se mesloit de bien
« des choses, pour je ne scay quelles fortifications qu'on pouvoit faire, disoit-il, a
« bien meilleur marché qu'on ne les faisoit. Alcaume, bon mathematicien qui y
« estoit employé dit : Messieurs, nous ne sommes pas au temps d'Amphion ou les
« murailles se bastissoient au son du violon. Tout le monde se mit a rire et Cha-
« ban fut contraint de se retirer. Ce pauvre homme fut tué depuis par l'Enclos,
« père de Ninon, avant que d'avoir eu le loisir de se defendre. »

perdismes plus de 30 pas de tranchées. C'estoit Navarre qui estoit en garde. Nous y eusmes environ 200 hommes tuez ou blessez, entre lesquelles M. de Roquelaure, général des.....[1] excellent mareschal de Camp, trois capitaines du regiment de Navarre nommez Ferron, Fresnelle, et Ceran le jeune, Guyermont enseigne en Piedmont. Les ennemis y perdirent environ [2].....

M. de Fontenoy eut la compagnie de..... et M. de Vadelin celle de M. des Bourdet, du mesme régiment qui avoit esté blessé quelques jours auparavant.

Mard. 4. — M. le duc de Chevreuse et Maréschal de Créquy vont conférer avec M. de Rohan auprèz de Nismes (M. le Connestable s'y trouva aussy) et menèrent M. d'Esplan pour en apporter des nouvelles au roy.

M. de Vendosme ayant levé le siége de Briteste[3] arrive à l'armée avec 230 maistres très-bons, et son infanterye composée de III ou IIII^m hommes de pied arrive deux jours aprez.

Jeud. 6. — Le régiment de Tremont[4], composé de 1110 des meilleurs hommes qui se puissent voir, le régiment de Tournon de 700 hommes, celluy de Sault de

---

1. En blanc.
2. En blanc.
3. Canton de Graulhet, arrondissement de Lavaur, Tarn, défendu par le capitaine Faucon était assiégé par le Duc de Vendôme. Malauze par des attaques continuelles força le Duc de Vendôme à lever le siège le 18 septembre, après avoir perdu plus de 1,500 hommes dans cinq assauts Le siège avait duré plus d'un mois. Voy. Haag. France protestante, 2ᵉ éd., Vᵒ Bourbon-Malauze.
4. 1ᵒ Merc., fr. VIII, 822 ; 2ᵒ Heroard, II, 280.

400 hommes, et ceux de Montchau et Tallard, tout cela faisant environ 2800 hommes, tellement qu'au lieu de vi^m hommes de pied que le roy entretient à M. le Connestable, il ne luy en a amené qu'environ 1800 et quelque cavalerye.

Vend. 7. — M. le Connestable arrive au quartier du roy [1].

Sam. 8. — Conseil estroit entre Connestable, Crequi et Bulion avec le roy, et la paix résolue ; ce que M. le Prince sachant et ne voulant donner son consentement à la paix, il part le lendemain, va coucher à Aisguemortes, puis à Arles, où il attend jusques à ce qu'il eut nouvelles qu'elle estoit résolue, et puis va à Notre-Dame de Lorettes et delà à Rome.

Lund. 10. — M. le Rohan entre le soir [2] à Montpellier avec passeport du roy, et le 12 mande à sa Majesté qu'il estoit le maistre dans la ville et qu'elle y seroit obéye.

M. de Schonberg ne bougeant encor de Montguyon à cause de sa faiblesse, M. le connestable, de Pisieux, d'Erbault et Bullion, le vinrent trouver de la part du roy touchant la paix (qui avoit esté résolue sans luy). M. le Garde des Seaux vint aussy chez luy avec eux.

Mec. 12. — M. de Bassompierre faict le serment de maréchal de France [3].

---

1. Bassompierre, III, 148. Il amenait 4,000 hommes et 800 chevaux.
2. Bassompierre, III, 150, dit qu'il entra dans Montpellier à huit heures du matin où il resta deux jours.
3. Bassompierre, III, 150-152, donne les détails de sa nomination.

Lund. 17. — M. de Rohan, qui estoit sorty de Montpellier avec des députez de la ville et les avoit menés à Nismes, y revient avec des députez de Nismes, d'Uzez et des Sevennes[1].

Mar. 18. — Comme on n'attendoit plus ny M. de Rohan ny les députez que l'on avoit attenduz tout le jour, M. de Rohan arriva à 9 heures du soir, le roy fit semblant de voulloir aller à ses affaires ; tout le monde sortit, et puis M. de Rohan entra et alla trouver le roy à la ruelle de son lict, où il mit les 2 genouilz en terre et baissa la teste fort bas, et puis demanda pardon au roy, mais sy bas que quasy personne ne l'entendit. Le roy luy dit qu'il fît mieux à l'advenir[2]. — M. de Chevreuse vint incontinent après qui prit la parolle pour luy et dict au roy qu'il y avoit longtemps que M. de Rohan attendoit ce bonheur avec impatience. Aprez M. de Rohan alla en la tente de M. le Connestable, où il coucha.

Par le traicté de paix, La Rochelle et Montauban demeurent en mesme estat. Nismes, Usez et toutes les autres places seront rasées à moityé (ou en deux tiers) en leurs nouvelles fortifications. — Les places de seureté seront continuées pour trois ans et le surplus selon l'edict de Nantes[3].

---

1. Bassompierre, III, 152-153.
2. Merc., fr., VIII, 832.
3. Rohan (Mesmoires), Mich. et Pouj., 538.

[1] Pour le particulier on accorde à M. de Rohan le duché de Vallois Vallois x^m livres de rente racheptable à IIe m. livres pour récompence de ses gouvernements de Poictou et St Maixant — LX^m livres pour l'abbaye de St Maixant. — La pension de XLV^m livres restablye, comme aussy celles de sa mère et de ses sœurs. — Celle de M. de Soubize de XXX^m livres, et outre cela on luy donne XX^m livres. — II^m livres de pension à Calonges, gouverneur de Montpellier et m. livres à un nommé La Maulne.

Mec. 19. — [2] Le roy estant dans un lieu couvert dans la cour, et sa chaire eslevée sur un petit tribunal de deux degrez, M. de Calonges accompagné de quelques députez luy vint demander la paix et pardon au nom de touttes les églises prétendues réformées du Royaume, et y adjousta ce mot de la souveraineté de Béarn — et sur ce que l'on le reprit aprez de n'avoir pas prononcé le mot de pardonner, mais dit seulement excuser les infirmitez, à l'exemple de Dieu dont il est l'image, il montra qu'il l'avoit escript dans un papier, mais qu'il luy estoit eschappé de la mémoire.

Voici comme la harangue du Sr de Colonges a esté rapportée[3]:

Sire, nous sommes envoyez de toutes les Églises réformées de France et souveraineté de Béarn pour en leurs nomz demander la paix à votre Majesté.

---

1. Arnault met en note : *je ne seay assurément cecy.*
2. Heroard, II, 280.
3. Reverend de Calonge, seigneur de Bou   Merc., fr., VIII, 833.

Nos cœurs humiliez plus que nos corps se jettent à voz piedz, sire, pour la vous demander et vous supplier très-humblement de croire que les faux bruitz qu'on a semez parmy nous des desseins de votre Majesté contre notre Religion nous ont jettez au malheur où nous sommes. Ce n'est point que nous veuillions changer de nom au mal. Nous nous confessons coupables ; c'est pourquoy nous nous présentons à votre Majesté pour luy demander pardon et la supplier très-humblement de nous recevoir en sa grâce, et à l'exemple de Dieu de qui elle est l'image, avoir esgard à noz infirmitez et donner quelques chose à la crainte que nous avons tous eue de voir la liberté de nos consciences opprimée. Tant plus votre Majesté nous trouvera coupables, et tant plus aussy elle trouvera de subject pour exercer sa Clémence.

Henry le Grand, père de votre Majesté, s'est servy de nous, s'est fié en nous, et nous a aymez ; nous la supplions très-humblement que, comme héritier de ses royalles vertuz, elle le soit aussy de la bonne volonté qu'il a eue pour nous et ne nous distinguer désormais de ses autres subjectz que par le service que nous luy rendrons. Car c'est delà, Sire, que nous prétendons faire voir à Votre Majesté que nulz ne peuvent estre plus que nous, Sire, très-humbles, très-obéissants et très-fidelles subjects et serviteurs.

Incontinent aprez, les députez des Sevennes vinrent à part dans la chambre du roy luy demander pardon et miséricorde, et en suitte le roy fit lire par M. d'Herbain la déclaration de la paix[1].

Cela estant faict, le roy envoya publier la paix dans tous les quartiers de l'armée et M. le Connestable, M[rs] les Maréchaux de Créqui et Bassompierre, avec les gardes et les Suisses entra à Montpellier[2] suivy des maréchaux des logis. La garnison, qui estoit de 1200 hommes, sort ; M. de la Curée avec cavalerye les conduit[3].

Jeud. 20. — Le roy entre à Montpellier[4], suivy de très-grande quantité de noblesse.

Harangue de M. Le Faucheur, ministre de Montpellier au Roy[5].

Sire,

Voz très-humbles subjectz et très-fidelles et affectionnez serviteurs les pasteurs et anciens du Consistoire de Montpellier se viennent présenter aux piedz de Votre Majesté pour luy rendre leurs devoirs très-humbles

---

1. Merc., fr., VIII, 834.
2. Merc., fr., VIII, 834.
3. Merc., fr., VIII, 835.
4. Merc., fr., VIII, 835.
5. Le Mercure, VIII, 835 donne cette harangue avec quelques nuances de mots. Le texte d'Arnault, me paraît plus correct.
Michel Le Faucheur célèbre prédicateur né à Genève vers 1585, ministre dans le Vivarais, puis à Annonay et à Montpellier où il obtint de rester malgré l'arrêt du Parlement de Toulouse qui défendait à un étranger de remplir les fonctions de ministre. Il précha à Paris de 1636 jusqu'à sa mort sans être inquiété En 1625, il avait exhorté les habitants de Nîmes à rester fidèles au Roi. Richelieu lui offrit 10,000 francs qu'il refusa. (Voy. Tallemant Ed. P. Paris, II, 87). Il ne voulut pas quitter Paris malgré les offres de Lausanne et de Genève, il y mourut le 7 avril 1637. Voy. Haag. France protestante, VI, 493, d'où j'ai pris cette note et qui donne la liste de ses ouvrages.

comme à la vive image de Dieu et pour luy tesmoigner le contentement indicible que ce leur est, après avoir ouy avec tant de frayeurs les tonneres de sa colère, d'estre tous en un instant éclairez des doux rayons de sa clémence ; comme nous n'avons jamais eu de plus ardent désir que de voir ceux de voz subjectz qui sont soubz notre discipline se tenir religieusement attachez à la fidellité de votre service, aussy nous est ce une des plus grandes joyes que nous aurons jamais au monde, de voir qu'après tous ces désordres et le malheur qu'ilz ont eu de desplaire à Votre Majesté, ils rentrent aujourd'hui, par une singulière faveur du ciel, dans votre obéissance et dans votre grâce. En les y daignant recevoir, vous vous acquérez, Sire, après le titre de Très Juste que vous ont donné jusques jord'hui vos peuples, celuy de Très Clément qui recommandera votre nom à toute la postérité, et couronnez tous vos exploictz héroïques de la plus belle et plus glorieuse victoire que scache gangner un grand prince ; car en vous vainquant, vous vainquez le plus grand roy du monde, en pardonnant à voz subjectz par une gratuite miséricorde plustôt que de les foudroyer par voz armes victorieuses. Imitez le grand Roy des Roys, qui de tout temps a pris beaucoup plus de plaisir à effacer les péchez par sa grâce que les pecheurs par sa vengeance. Continuez-leur, Sire, nous vous en supplions en toute humilité et vous en conjurons par toutes voz vertuz Royalles, les doux effectz de votre Grâce et de votre Clémence. Ouvrez de

— 80 —

plus en plus leurs cœurs et leurs bouches à voz louanges et ilz prieront Dieu du meilleur de leurs affections pour la prospérité de votre règne et pour la conservation de votre personne sacrée, et se gloriffierons par tout de servir le meilleur, le plus Juste, et le plus Clément de tous les monarques du monde.

Sam. 21. — M. de Russellay meurt [1]. L'abbaye de Signy en Champagne donnée à M. de Moret à condition d'esteindre sa pension de xx^m livres sur l'espargne. — Celle de l'ordre de Poictiers dans St Maixant à l'archevesque de Tours, à condition d'esteindre la pension de vii^m livres qu'il avoit sur l'espargne pour récompence de l'evesché de Bayonne. — Celle de Pontevoy, M. de Chanteloup, à condition d'esteindre la pension de iiii^m livres qu'il avoit sur l'abbaye de Buzet, donnée par la Reyne mère au filz de M. le Général. — Et celle de St Nicolas d'Angers à M. de Trye.

Jeud. 27. — Le roy part de Montpellier, y laisse en garnison les régimens de Picardye et Normandye. — M. le Connestable, M. de Créquy, M. de Valencé, M. le Marq. de Villeroy et les Srs de la Molière et de La Romilière.

Va à Aymargues, 5 lieues.

---

1. Bassompierre qui l'a assisté à la mort et a reçu sa cassette et ses papiers dit le 22, t. III, 154, Moreri donne à tort la date du 27.
Richelieu (Mesmoires), I, 264, Mich. et Pouj. fait un vilain portrait de Rucelay, il faut se défier de Richelieu, violent contre ceux qui ne sont pas ses amis. Bassompierre, III, 2. N'est pas favorable à Rucelay.

Le mesme jour M. de Guise gaigne la bataille navale contre les Rochelois[1].

Vend. 28. — Le roy va à St Gilles, 3 lieues[2].

Sam. 29. — Le roy à Arles ; 3 lieues.

NOVEMBRE

Mard. 1er. —

Mecr. 2. — Le roy va à Salon ; 7 lieues[3]. — Jeudi 3 à Aix ; 5 lieues. — Samedi 5, à St Maximin ; 6 lieues. — Dimanche 6, à Aubagne par la Ste Baume ; 8 lieues. — Lundi 7, à Marseille ; 3 lieues. — Combat de M. de Villequier et Manicamp contre M. de Bouteville et St Prieul qui luy bailla un coup d'espée dans le corps.

Jeud. 10. — Le roy va de Marseille à.....; 5 lieues[4]. — Vend. 11 à Salon ; 5 lieues. — Samedi 12, à St Remy ; 4 lieues. — Dim. 13, à Tarascon ; 4 lieues.

Dim. 13. — M. le Prince Cardinal de Savoye arrive à Tarascon, et le lendemain M. de Nevers et M. le Cardinal de Richelieu.

Mar. 15. — Le roy va aux estatz de Languedocq à Beaucaire[5].

---

1. Voy. Merc., fr., VIII, 851-871. Le récit de la bataille accompagné d'un plan explicatif.
2. Heroard, II, 281.
3. Heroard II, 282.
4. Heroard II, 282. Merc., fr., VIII, 873.
5. Heroard II, 283. Voy. Merc. fr. VIII, 874, le discours du Duc de Ventadour à l'ouverture des Etats le 8 novembre.

— 82 —

* M. de Chalais, à terre
* M. de Mosny, Capitaine des Gardes, debout & couvert.
* Le Roy
* M. de Courtanvault   * Prince
    Gr. Chambellan assez couvert   Cardinal de
         aux pieds du roy.   Savoye

* M. de Montmorency	* M. le Garde des Sceaux
* M. d'Espernon	dans chaire sans
* M. de Ventadour	docier

La Vaux portoit la parole	Evesques de Languedoc	Maîtres des Requêtes							Barons du Pays
			M. de Schonberg	* M. de Pisieux	* M. de la Ville aux Clers	* M. d'Herbault	* M. d'Ocquerre		Id.
			M. de Tours						
			M. de Brieux						
			M. de Lion						
			M.						

Tiers Estat

Mec. 16. — Le roy va en Avignon, où on luy faict une fort belle entrée[1].

Jeud. 17. — M. de Savoye arrive en Avignon[2]. Le roy alla un quart de lieue hors de la ville au devant

---

1. Heroard II, 283, Merc., fr. VIII, 881.
2. Heroard, II, 283, Merc., fr., VIII, 883. Bassompierre, III, 159.
Maurice de Savoie, 4e fils de Charles-Emmanuel, duc de Savoie et de Catherine d'Autriche, né en 1593. Nommé Cardinal par Paul V, à l'âge de 14 ans, laissé par son père, lieutenant général en Piémont en 1622. En 1642, quitte le chapeau de Cardinal et les bénéfices pour épouser la princesse Louise-Marie de Savoie sa nièce, mort le 8 octobre 1657. Voy. Migne Dict^{re} des Cardinaux, col. 1506.

de luy, soubz prétexte de chasse ; mais chacun estoit paré.

Lund. 21. — Le roy va d'Avignon a Caderousse, 4 lieues [1]. Mardi 22, à Pierrelasse, 4 lieues.

Mec. 23. — Le roy va à Montelimar [2], 3 lieues y laisse M. de Montigny, capitaine aux Gardes avec sa compagnie et en oste M. de Montauban, gouverneur, auquel il donne XL m. livres de récompence, — pour arrerages de pentions XII^m IIII^c livres — pour munitions VII^m tant de livres, — et à son lieutenant III^m livres, qui est en tout LXIII^m livres. — Depuis le roy donna ce gouvernement à M. des Bouletz, capitaine au régiment de Navarre qui prit M. de Rochemer pour lieutenant.

Jeud. 24. — Le roy va à Valence, 7 lieues, où M. d'Angoulesme arrive [3].

M. de Gouvernet, frère du Sr de Montauban traicte du gouvernement de Dye à XXX^m livres.

Sam. 26. — Le roy va à Romans, 3 lieues.

Dim. 27. — Le roy va à Saint-Marcellin, 4 lieues. — Traicté à XXXme livres avec M. de Verdoin du gouvernement de Livron.

Lund. 28. — Le roy à Moyran ; 4 lieues.

Mard. 29. — Le roy arrive à Grenoble ; 3 lieues.

---

1. Heroard, II, 283.
2. Le Mercure, VIII, 884, donne la harangue au Roi.
3. Merc., fr., VIII, 888.

DÉCEMBRE

Jeud. 1ᵉʳ. — M. le Comte de Saultz va à la messe. — Le roy va à Vizil. — M. de Longueville arrive. Avant que partir de Grenoble, le roy fict mettre des Suisses catholiques dans l'arcenal qui sert de citadelle. Mʳˢ du Parlement, parlans par M. Frère premier Président, luy en avoient demandé instamment la démolition [1].

Samed. 3. — Le roy à Moyran. — Dimanche 4 à Lacotte ; 4 lieues. — Lund. 5, à Vienne ; 5 lieues. M. de Nivernois y arrive. — Mardi 6, à Lyon ; 5 lieues.

Sam. 10. — Le Roy baille le bonnet à M. le Cardinal de Richelieu [2].

Dim. 11. — Le roy et la reyne, chacun sous un poisle, le roy à cheval, la reyne[3] eu lictière font entrée à Lyon en cérémonie. VIIᵐ ou VIIIᵐ hommes de la ville furent au devant très bien vestuz et armez ; aprez que tous les corps furent passez, marchaient en un rang Mʳˢ de Bassompierre, de Schonberg et d'Alincour — en un autre Mʳˢ les Maréchaux de Themines, de Praslain et de Crequy, — aprez, M. de Bellegarde seul comme grand écuyer, — aprez, M. le Connestable seul, l'espée

---

1. Brienne, Mich. et Pouj., 26.
2. 1° Fontenay Mareuil, 172 ; 2° Heroard, II, 284.
3. Heroard, II, 284. Voy. Mercure, fr., VIII, 896. La description de cette cérémonie.

nue en la main, aprez le roy soubz daiz. Derrière le roy, M. de Chevreuse comme grand chambellan et à costé M. le Marquis de Mosny, capitaine des gardes. — Aprez, Mrs de Montmorency et d'Epernon — et puis la Reyne suivoit.

Nul prince ne s'y trouva, pour ce qu'ilz vouloient précéder les ducs.

Mercr. 13. — M. et Mad^e la princesse de Piedmont arrivent[1].

Lund. 19. — Le roy part de Lyon[2].

---

1. 1° Merc., fr., VIII, 899 ; 2° Fontenay Mareuil, 172.
2. Bassompierre, III, 162, donne l'itinéraire du Roi jusqu'à la Charité.

TIRÉ A VINGT-CINQ EXEMPLAIRES

PAR MALVANO, IMPRIMEUR

A NICE

Décembre 1898

NICE. — IMPRIMERIE ET LITHOGRAPHIE MALVANO, RUE GARNIER, 1

www.ingramcontent.com/pod-product-compliance
Lightning Source LLC
Chambersburg PA
CBHW070620170426
43200CB00010B/1864